FORBIDDEN
WORDS

OS FRUTOS

Assim eu queria o poema:
fremente de luz, ápero de terra,
rumoroso de águas e de vento.

THE FRUIT

This is how I want the poem to be:
trembling with light, coarse with earth,
murmuring with waters and with wind.

FORBIDDEN WORDS

SELECTED POETRY OF
EUGÉNIO DE ANDRADE
TRANSLATED BY ALEXIS LEVITIN

A NEW DIRECTIONS BOOK

The epigraph on page ii is from Eugénio de Andrade's 1964 collection, *Ostinato Rigore*.

This book is published with the support of the
Calouste Gulbenkian Foundation, Lisbon.

The Portuguese Institute for Book and Libraries
supported this book.

Book design by Sylvia Frezzolini Severance
Manufactured in the United States of America
New Directions Books are published on acid-free paper.
First published as New Directions Paperbook 948 in 2003
Published simultaneously in Canada by Penguin Books Canada Limited

Library of Congress Cataloging-in Publication Data

Andrade, Eugénio de.
    Forbidden words : selected poetry of Eugénio de Andrade /
translated by Alexis Levitin.
        p. cm.
    ISBN 0-8112-1523-7 (alk. paper)
    1. Andrade, Eugénio de—Translations into English. I. Levitin, Alexis.
II. Title
    PQ9261. a67 A25 2003
    869.1'42—dc21

                                                        2002015418

New Directions Books are published for James Laughlin
by New Directions Publishing Corporation,
80 Eighth Avenue, New York, NY 10011

CONTENTS

TRANSLATOR'S INTRODUCTION

"All art constantly aspires towards
the condition of music." —Walter Pater

Eugénio de Andrade is Portugal's best-known and best-loved living poet. He has won all of his country's literary honors, including the Portuguese language's most prestigious award, the Camões Prize. He has also won major awards from Brazil, Yugoslavia, Romania, France, and Spain. His first book, *Hands and Fruit*, is now in its twenty-first edition. Whenever a new collection of his poetry appears in Portugal, the first printing sells out within a few weeks.

The secret of Eugénio's extraordinary appeal, I think, lies in his apparent simplicity. Though highly cultured, Eugénio avoids bookishness and intellectualization. His foremost allegiance is to the earth, to the tangible world of the senses, to what he calls "the rough or sweet skin of things." He was born in 1923 in the small village of Póvoa de Atalaia, close to the Spanish border. Till the age of nine, he lived alone with his adored mother in relative poverty, taking solace from the goats, sheep, birds, and cicadas of the surrounding countryside. These creatures, along with poplars, mulberries, sunflowers, and grassy fields beneath a hot sun, reappear throughout his poetry. They embody the eloquent simplicity at the core of the poet's vision and voice. Always distrustful of abstractions, he proclaims his love for "words smooth as pebbles, rough as rye bread. Words that smell of clover and dust, loam and lemon, resin and sun." Like our own William Carlos Williams, this is a poet happy to say: "No ideas but in things."

When I first began to read Eugénio's poetry, I was charmed by the imagery, but the greatness eluded me. Something seemed missing from the printed page. But later, as we worked together,

a new awareness began to dawn on me. Often, when I inquired why he had chosen one word rather than another, he would seek in vain for a rational explanation. After various false starts, he would come to a halt, stare at the text, read it aloud, and then exclaim: "Because it sounds better!" After this happened several times, we both realized that the questions I had been asking had been irrelevant. From that time onwards, our collaboration changed. I would arrive, he would give me a snack and a cold drink, we would both admire the svelte cat insinuating himself throughout our papers, and then Eugénio would pick up the text of his poems and begin to read. He would read with great care, with utter dedication to every syllable. His left hand held the book, his right moved through the air, like that of a conductor drawing forth music. And I would watch him and listen, absorbing the movement and melody of his language. At times he would take a pencil and draw lines from vowel to vowel, consonant to consonant, till the entire poem was crisscrossed by a thick web of connections. And I came to understand that my real task was to translate his *voice* into another tongue. Images would take care of themselves. My dedication had to be to sound itself. For in Eugénio's poetry, more than any other I can think of, the sound *is* the sense. I had intuitively been attentive to sound all along, but now I was consciously aware that music had to be my central concern. This discovery changed how Eugénio and I worked together. It stripped away unnecessary complexities, a tangle of inessentials. I had learned for myself why Marguerite Yourcenar had referred to "the well-tempered clavier" of Eugénio's poems and why the Portuguese critic Oscar Lopes had called his study of Eugénio de Andrade's poetry *A Kind of Music*.

The conviction that I was a translator of a voice deepened during our six-week reading tour of the United States and Canada in 1989. From California to the Northeast, I had the recurring experience of an intimate confrontation with the living creature that is his poetry. Always he would read first. A serious man of diminutive and fine proportions, he would stride to the podium, often reject the microphone and simply confront the audience with his naked, powerful voice. In New York, at Barnard College's

Sixth International Conference on Translation, as Eugénio finished reciting his last poem, the organizer, Serge Gavronsky, leaped to his feet and exclaimed "Fantastique! Fantastique! Et quelle voix!" And after each poem, I would have to follow that voice with my own. But as the tour went on, the echo of my translations grew closer and closer to the resonance of the original. Finally, towards the end of our tour, at the New York State Writer's Institute in Albany, as we finished one of our best readings, Eugénio leaned towards me on the stage and whispered: "If you continue to read like that, pretty soon you will sound like Eugénio de Andrade." What more could I have hoped for? I had learned the most essential lesson for a translator of poetry—to listen.

But what about content? Clearly nature is central to Eugénio de Andrade's poetry. The four classical elements of earth, water, air, and fire permeate his poems, and he is pleased when critics find his work Hellenistic or pagan. His attachment to the fundamentals of the classical vision of life is made overt in a poem such as "The Fruit," where he declares:

> This is how I want the poem to be:
> trembling with light, coarse with earth,
> murmuring with waters and with wind.

Yet, as it was for the ancient Greeks, the human body is as precious to the poet as the world around him, for he sees it as a "metaphor for the universe." It receives the caresses of the sun, but it also produces its own inner flame of desire. During our American reading tour, Eugénio described himself in fiercely affirmative terms as a man who "says YES to life, YES to the body, YES to all experience!" Speaking of de Andrade's poetic vision, the late Portuguese poet and critic Luis Miguel Nava discerned three essential strands, when he observed that "nature, the body, and the word meet on the same plane and in some way intermingle or merge."

It is not surprising to discover that in Eugénio's poetry the tongue, the lips, and especially the mouth are recurring images of the body's sensuality. For it is through the mouth that the sweet

fruit of the ambient world is taken in, and it is through the mouth that the poet's gift of words is given back to life. Although a passionate attachment to the things of this world and the joys of the senses gives vigor to all of Eugénio's work, in the last decade he has consciously intensified his focus on language and its sensual music, the pleasure that flows from within towards the outside world. This love of "language received lip to lip; kiss or syllable," is as erotic for him as any love of the flesh. He is a man who loves "the pulsing of syllables," and he often feels that his lifelong task has been a search for just a syllable, "a single syllable./Salvation." His deep allegiance to words is reaffirmed in a recent poem in which he declares that they "are my home, salt of my tongue."

The abiding eros, then, for this poet of desire, the body, and nature, is the eros of language. The heart of his genius is woven into the delicate, minutely wrought balance of sound in his words. *Le mot juste* is not enough. Each syllable must find its place, its fit. This musical apotheosis lies in the Portuguese, of course. But during my twenty-five years as Eugénio de Andrade's translator, my greatest challenge—and greatest joy—has been the effort to reproduce, in our rough and elegant tongue descended from Angles, Saxons, and Normans, a musical response as kin to the song of his words as possible. Eugénio has been translated into over twenty languages. Here in this retrospective collection are the original Portuguese poems and my English translations. I hope that the reader may find pleasure in the music of both our tongues.

ALEXIS LEVITIN

AS MÃOS E OS FRUTOS

HANDS AND FRUIT
(1948)

NÃO CANTO PORQUE SONHO

Não canto porque sonho.
Canto porque és real.
Canto o teu olhar maduro,
o teu sorriso puro,
a tua graça animal.

Canto porque sou homem.
Se não cantasse seria
somente um bicho sadio
embriagado na alegria
da tua vinha sem vinho.

Canto porque o amor apetece.
Porque o feno amadurece
nos teus braços deslumbrados.
Porque o meu corpo estremece
por vê-los nus e suados.

FOI PARA TI QUE CRIEI AS ROSAS

Foi para ti que criei as rosas.
Foi para ti que lhes dei perfume.
Para ti rasguei ribeiros
e dei às romãs a cor do lume.

Foi para ti que pus no céu a lua
e o verde mais verde nos pinhais.
Foi para ti que deitei no chão
um corpo aberto como os animais.

I DO NOT SING BECAUSE I DREAM

I do not sing because I dream.
I simply sing because you're real.
I sing your ripened gaze,
your purest smile,
your animal grace.

I sing because I am a man.
And if I didn't sing I'd be
just a brute, bursting with health, blind
drunk and dizzy with delight
there in your vineyard without wine.

I sing because love wishes it.
Because hay ripens
in your arms, glistening wet.
Because my body tightens
facing them, bare and bathed in sweat.

IT WAS FOR YOU THAT I MADE THE ROSES

It was for you that I made the roses.
It was for you that I perfumed their name.
For you I carved out rivulets
and gave pomegranate its flame.

It was for you I placed the moon in the sky
and on the pine grove the greenest of green.
For you stretched out this body on the ground
like an animal, open and keen.

GREEN GOD

Trazia consigo a graça
das fontes quando anoitece.
Era o corpo como um rio
em sereno desafio
com as margens quando desce.

Andava como quem passa
sem ter tempo de parar.
Ervas nasciam dos passos,
cresciam troncos dos braços
quando os erguia no ar.

Sorria como quem dança.
E desfolhava ao dançar
o corpo, que lhe tremia
num ritmo que ele sabia
que os deuses devem usar.

E seguia o seu caminho,
porque era um deus que passava.
Alheio a tudo o que via,
enleado na melodia
duma flauta que tocava.

TENHO O NOME DE UMA FLOR

Tenho o nome de uma flor
quando me chamas.
Quando me tocas,
nem eu sei
se sou água, rapariga,
ou algum pomar que atravessei.

GREEN GOD

He carried with him all the grace
of wellsprings at the close of day.
His body flowing without haste,
a slow stream challenging its banks
as it descends upon its way.

He strode like someone passing through
without the time to stop just there.
Fresh grasses from his footsteps grew
and from his arms thick branches spread
as high he raised them in the air.

He smiled like someone in a dance.
His body, dancing, dropped its leaves
and trembled in a rhythmic trance
he recognized must surely be
a thing of gods alone conceived.

And he continued on his way,
for a god can't think of staying.
Distant from all there was to see,
entangled in the melody
of the flute that he was playing.

MY NAME IS THAT OF A FLOWER

My name is that of a flower
when you call to me.
And at your touch
not even I can tell
if I am water, maiden,
or an orchard in the dell.

Impetuoso, o teu corpo é como um rio
onde o meu se perde.
Se escuto, só oiço o teu rumor.
De mim, nem o sinal mais breve.

Imagem dos gestos que tracei,
irrompe puro e completo.
Por isso, rio foi o nome que lhe dei.
E nele o céu fica mais perto.

A UMA CEREJEIRA EM FLOR

Acordar, ser na manhã de abril
a brancura desta cerejeira;
arder das folhas à raiz,
dar versos ou florir desta maneira.

Abrir os braços, acolher nos ramos
o vento, a luz, ou o quer que seja;
sentir o tempo, fibra a fibra,
a tecer o coração de uma cereja.

NOCTURNO

Coaxar de rãs é toda a melodia
que a noite tem no seio
—versos dos charcos
e dos juncos podres,
casualmente, com luar no meio.

IMPETUOUS, YOUR BODY, LIKE A RIVER

Impetuous, your body, like a river
in which my own is lost.
If I listen, I only hear your murmur.
From me, no sound at all.

An image of the gestures that I made,
it bursts forth pure, fulfilled.
And that's why river was the name I gave,
for there the sky comes closer still.

TO A CHERRY TREE IN BLOOM

To awake, to be on an April morning
the whiteness of that cherry tree;
to burn from leaves to root,
to flower just like that, to blossom poetry.

To open one's arms, to gather in one's branches
wind, light, or whatever it might be;
to feel time, strand by strand,
weaving a cherry's heart in a cherry tree.

NOCTURNE

The croaking of frogs is all the melody
the night has in its breast—
a song of marshes
and of rotting reeds,
at times with moonlight in its midst.

ESPERA

Horas, horas sem fim,
pesadas, fundas,
esperarei por ti
até que todas as coisas sejam mudas.

Até que uma pedra irrompa
e floresça.
Até que um pássaro me saia da garganta
e no silêncio desapareça.

WAITING

Hours, hours without end,
thick, deep,
I will wait for you
till all that is is still.

Till a stone bursts forth
and blossoms.
Till a bird flies from my throat
and, into silence, disappears.

OS AMANTES SEM DINHEIRO

PENNILESS LOVERS
(1950)

OS AMANTES SEM DINHEIRO

Tinham o rosto aberto a quem passava.
Tinham lendas e mitos
e frio no coração.
Tinham jardins onde a lua passeava
de mãos dadas com a água
e um anjo de pedra por irmão.

Tinham como toda a gente
o milagre de cada dia
escorrendo pelos telhados;
e olhos de oiro
onde ardiam
os sonhos mais tresmalhados.

Tinham fome e sede como os bichos,
e silêncio
à roda dos seus passos.
Mas a cada gesto que faziam
um pássaro nascia dos seus dedos
e deslumbrado penetrava nos espaços.

ABRIL

Brinca a manhã feliz e descuidada,
como só a manhã pode brincar,
nas curvas longas desta estrada
onde os ciganos passam a cantar.

Abril anda à solta nos pinhais
coroado de rosas e de cio,
e num salto brusco, sem deixar sinais,
rasga o céu azul num assobio.

Surge uma criança de olhos vegetais,
carregados de espanto e de alegria,

PENNILESS LOVERS

They had faces open to whoever passed.
They had legends and myths
and a chill in the heart.
They had gardens where the moon strolled
hand in hand with the water.
They had an angel of stone for a brother.

They had like everyone
the miracle of every day
dripping from the roofs;
and golden eyes
glowing with a wilderness of dreams.

They were hungry and thirsty like animals,
and there was silence
around their steps.
But at every gesture they made,
a bird was born from their fingers
and, dazzled, vanished into space.

APRIL

Morning plays to a carefree beat,
as only happy mornings play,
along the far curves of the street,
where singing Gypsies go their way.

In freedom April roams the pines,
crowned in roses and the blood's heat,
and with a leap, without a sign,
it tears the blue sky like a sheet.

A child appears with vegetal eyes
filled with wonder, joyful and gay,

e atira pedras às curvas mais distantes
—onde a voz dos ciganos se perdia.

POEMA À MÃE

No mais fundo de ti,
eu sei que traí, mãe.

Tudo porque já não sou
o menino adormecido
no fundo dos teus olhos.

Tudo porque tu ignoras
que há leitos onde o frio não se demora
e noites rumorosas de águas matinais.

Por isso, às vezes, as palavras que te digo
são duras, mãe,
e o nosso amor é infeliz.

Tudo porque perdi as rosas brancas
que apertava junto ao coração
no retrato da moldura.

Se soubesses como ainda amo as rosas,
talvez não enchesses as horas de pesadelos.

Mas tu esqueceste muita coisa;
esqueceste que as minhas pernas cresceram,
que todo o meu corpo cresceu,
e até o meu coração
ficou enorme, mãe!

Olha—queres ouvir-me?—
às vezes ainda sou o menino
que adormeceu nos teus olhos;

and flings stones toward the road's last rise,
as Gypsy voices melt away.

TO MY MOTHER

I know I betrayed you, mother,
in your deepest depths.

All because I'm no longer
the sleeping child
deep in your eyes.

All because you choose not to know
that there are beds where the cold doesn't last
and nights sonorous with the waters of dawn.

Therefore, sometimes, the words I say to you
are harsh, mother,
and our love is unhappy.

All because I lost those white roses
that I pressed to my heart
in the picture in the frame.

If you knew how I still love roses,
perhaps you wouldn't fill the hours with bad dreams.

But you've forgotten many things;
forgotten that my legs grew long,
that all my body grew,
and even my heart
grew huge, o mother.

Look—won't you listen?
Sometimes I am still the child
who fell asleep in your eyes;

ainda aperto contra o coração
rosas tão brancas
como as que tens na moldura;

ainda oiço a tua voz:
Era uma vez uma princesa
no meio de um laranjal . . .

Mas—tu sabes—a noite é enorme,
e todo o meu corpo cresceu.
Eu saí da moldura,
dei às aves os meus olhos a beber.

Não me esqueci de nada, mãe.
Guardo a tua voz dentro de mim.
E deixo-te as rosas.

Boa noite. Eu vou com as aves.

RUMOR

Acorda-me
um rumor de ave.
Talvez seja a tarde
a querer voar.

A levantar do chão
qualquer coisa que vive,
e é como um perdão
que não tive.

Talvez nada.
Ou só um olhar
que na tarde fechada
é ave.

Mas não pode voar.

still press against my heart
roses as white
as those in your frame:

still hear your voice:
    Once upon a time there was a princess
    in the middle of an orange grove . . .

But—you know—the night is vast,
and all my body grew.
I left the frame
and gave my eyes to the birds to drink.

I have forgotten nothing, mother.
I keep your voice within me.
And I leave you the roses.

Good night. I'm going off with the birds.

MURMUR

Birds awaken me,
a rumor of light.
Perhaps it is the afternoon
wishing to take flight.

Rising from the ground
something that is living.
Just like the forgiveness
that I was never given.

Nothing in the room.
Or just a gaze
that in the sinking afternoon
is a bird.

That cannot soar or blaze.

AS MÃOS

Que tristeza tão inútil essas mãos
que nem sequer são flores
que se dêem:
abertas são apenas abandono,
fechadas são pálpebras imensas
carregadas de sono.

ADEUS

Já gastámos as palavras pela rua, meu amor,
e o que nos ficou não chega
para afastar o frio de quatro paredes.
Gastámos tudo menos o silêncio.
Gastámos os olhos com o sal das lágrimas,
gastámos as mãos à força de as apertarmos,
gastámos o relógio e as pedras das esquinas
em esperas inúteis.

Meto as mãos nas algibeiras e não encontro nada.
Antigamente tínhamos tanto para dar um ao outro;
era como se todas as coisas fossem minhas:
quanto mais te dava mais tinha para te dar.

Às vezes tu dizias: os teus olhos são peixes verdes.
E eu acreditava.
Acreditava,
porque ao teu lado
todas as coisas eram possíveis.

Mas isso era no tempo dos segredos,
era no tempo em que o teu corpo era um aquário,
era no tempo em que os meus olhos
eram realmente peixes verdes.
Hoje são apenas os meus olhos.

HANDS

What useless sadness in these hands
that are not even flowers
offering themselves:
open they are merely bleak,
closed they are enormous eyelids,
weighted down with sleep.

GOOD-BYE

We've worn our words to death, my love, walking in the streets,
and what remains to us won't be enough
to keep at bay the cold of our four walls.
We've worn out all but silence.
We've worn away our eyes with the salt of tears,
we've worn our hands out, hand in hand, caressing,
we've worn the clock out and cobblestones at corners
in useless waiting.

I reach into my pockets and I find nothing.
We used to have so much to give each other;
it was as if all things were mine:
the more I gave, the more I had to give.

Sometimes you would say: your eyes are green fish.
And I believed you.
Believed
because at your side
all things were possible.

But that was at a time of secrets,
a time when your body was an aquarium,
a time when my eyes
were really green fish.
Today they are merely my eyes.

É pouco, mas é verdade,
uns olhos como todos os outros.

Já gastámos as palavras.
Quando agora digo: *meu amor*,
já não se passa absolutamente nada.
E no entanto, antes das palavras gastas,
tenho a certeza
de que todas as coisas estremeciam
só de murmurar o teu nome
no silêncio do meu coração.

Não temos já nada para dar.
Dentro de ti
não há nada que me peça água.
O passado é inútil como um trapo.
E já te disse: as palavras estão gastas.

Adeus.

Not much, but that's the truth,
eyes like any others.

We've worn our words to death,
When now I say: *my love*,
nothing happens, absolutely nothing.
And yet, before the words were spent,
I'm certain
that everything trembled
at the mere murmur of your name
in the silence of my heart.

Now we have nothing to give.
There is nothing within you
that asks me for water.
The past is useless as a rag.
And I've told you already: the words are spent.

Good-bye.

AS PALAVRAS INTERDITAS

FORBIDDEN WORDS
(1951)

Os navios existem, e existe o teu rosto
encostado ao rosto dos navios.
Sem nenhum destino flutuam nas cidades,
partem no vento, regressam nos rios.

Na areia branca, onde o tempo começa,
uma criança passa de costas para o mar.
Anoitece. Não há dúvida, anoitece.
É preciso partir, é preciso ficar.

Os hospitais cobrem-se de cinza.
Ondas de sombra quebram nas esquinas.
Amo-te . . . E entram pela janela
as primeiras luzes das colinas.

As palavras que te envio são interditas
até, meu amor, pelo halo das searas;
se alguma regressasse, nem já reconhecia
o teu nome nas suas curvas claras.

Dói-me esta água, este ar que se respira,
dói-me esta solidão de pedra escura,
estas mãos nocturnas onde aperto
os meus dias quebrados na cintura.

E a noite cresce apaixonadamente.
Nas suas margens nuas, desoladas,
cada homem tem apenas para dar
um horizonte de cidades bombardeadas.

FORBIDDEN WORDS

There are ships and then there is your face
leaning on the faces of those ships in rows.
They float in cities, destiny unclear,
they leave down wind, return against the flow.

On clean, white sand, where time itself begins,
a child goes by, his back turned toward the waves.
That night is gathering is certain now.
Leave, we have to leave, stay, we have to stay.

Ashes cover all the hospitals.
On corners waves of shadows break and spill.
I love you . . . And suddenly bright through
the window come the first lights off the hill.

The words I send you are forbidden now,
even, my love, by the glow of fields of grain;
if one of them came back I would no longer
recognize in its bright curves your name.

This water hurts, this air hurts as I breathe,
this solitude of dark stone cuts me through,
and these nocturnal hands in which I squeeze
my days now broken at the waist in two.

And on the naked, empty banks of night,
as thick night with a passion thicker grows,
each man has nothing but a vast expanse
of blackened, bombed-out cities to bestow.

ADEUS

Como se houvesse uma tempestade
escurecendo os teus cabelos,
ou se preferes, a minha boca nos teus olhos,
carregada de flor e dos teus dedos;

como se houvesse uma criança cega
aos tropeções dentro de ti,
eu falei em neve, e tu calavas
a voz onde contigo me perdi.

Como se a noite viesse e te levasse,
eu era só fome o que sentia;
digo-te adeus, como se não voltasse
ao país onde o teu corpo principia.

Como se houvesse nuvens sobre nuvens,
e sobre as nuvens mar perfeito,
ou se preferes, a tua boca clara
singrando largamente no meu peito.

CANÇÃO

Hoje venho dizer-te que nevou
no rosto familiar que te esperava.
Não é nada, meu amor, foi um pássaro,
a casca do tempo que caiu,
uma lágrima, um barco, uma palavra.

Foi apenas mais um dia que passou
entre arcos e arcos de solidão;
a curva dos teus olhos que se fechou,
uma gota de orvalho, uma só gota,
secretamente morta na tua mão.

FAREWELL

As if there were a storm
darkening your hair,
or rather, if you like, my lips upon your eyes
filled with flowers and your fingers there.

As if there were a child, blind,
stumbling about in you,
I spoke of snow and you kept still
the voice in which I'd lost myself with you.

As if the night had come and carried you away,
hunger was the only thing that ached in me;
I say farewell as if I won't return
to the land where first your body came to be.

As if the clouds were piled cloud on cloud,
and up above the clouds a perfect sea,
or rather, if you like, your gleaming mouth,
sailing broad across my chest and me.

SONG

Today I come to tell you it has snowed
on that familiar face awaiting you.
It's nothing, love, that's all it was, a bird,
a shell of time that fell, just so,
a tear, a boat, a word.

And it was just another day, unplanned,
among unending arches, solitude;
the soft curve of your eyes as they slipped shut,
a drop, a single drop of dew,
secret and dead, there in your hand.

RETRATO COM SOMBRA

Que morte é a sombra deste retrato,
onde eu assisto ao dobrar dos dias,
órfão de ti e de uma aventura suspensa?

Tu não eras só este perfil.
Tu não eras só este sossego aconchegado
nas mãos como num regaço.
Tu não eras apenas
este horizonte de areia com árvores distantes.

Falta aqui tudo o que amámos juntos,
o teu sorriso com as ruas dentro,
o secreto rumor das tuas veias
abrindo sulcos de palavras fundas
no rosto da noite inesperada.
Falta sobretudo à roda dos teus olhos
a pura ressonância da alegria.

Lembro-me de uma noite em que ficámos nus
para embalar um beijo ou uma lágrima,
lutando, de mãos cortadas, até romper o dia,
largo, intacto,
nas pálpebras molhadas dos lírios.

Tu não eras ainda este perfil
com uma rosa de cinza na mão direita.
Eu andava dentro de ti
como um pequeno rio de sol
dentro da semente,
porque nós—é preciso dizê-lo—
tínhamos nascido um dentro do outro
naquela noite.

Esse é o teu rosto verdadeiro;
o rosto que vou juntando ao teu retrato

PORTRAIT WITH SHADOW

What death is the shadow of this portrait,
where I am present at the folding of the days,
orphan of you and an unfinished affair?

You were not merely this profile.
You were not merely this peace nestled
in the lap of my hands.
You were not just
this horizon of sand with distant trees.

All that we loved together is missing here,
your smile with its hidden streets,
the secret murmur of your veins
opening furrows of deep words
on the face of the unexpected night.
Above all, what is missing is that pure
resonance of joy around your eyes.

I remember a night when we lay naked
to rock a kiss or a tear,
struggling, with hands adrift, till day broke,
vast, untouched,
on the moistened eyelids of the lilies.

You were not yet that profile
with a rose of ash in your right hand.
I moved within you
like a little river of sun
within a seed,
because we—I have to say it—
were born within each other
on that night.

This is your true face;
the face I'm going to match to your portrait

como quando era pequeno:
recortando aqui,
colando ali,
até que uma fonte rasgue a tua boca
e a noite fique transbordante de água.

VIAGEM

Iremos juntos separados,
as palavras mordidas uma a uma,
taciturnas, cintilantes
—ó meu amor, constelação de bruma,
ombro dos meus braços hesitantes.
Esquecidos, lembrados, repetidos
na boca dos amantes que se beijam
no alto dos navios;
desfeitos ambos, ambos inteiros,
no rasto dos peixes luminosos,
afogados na voz dos marinheiros.

VEGETAL E SÓ

É outono, desprende-te de mim.

Solta-me os cabelos, potros indomáveis
sem nenhuma melancolia,
sem encontros marcados,
sem cartas a responder.

Deixa-me o braço direito,
o mais ardente dos meus braços,
o mais azul,
o mais feito para voar.

as in childhood:
snipping here,
gluing there,
until a spring bursts from your mouth
and the night is drowned in water.

VOYAGE

Side by side and separate we'll go,
and bite our words, as one by one they come,
taciturn and brilliantly aglow
—of, love, my constellation of pure mist,
shoulder of my hesitating arms.
Forgotten, remembered, then named again
in mouths of lovers now who kiss
high upon the decks of passing ships;
both of us undone, scattered deep on shale,
floating whole in realms of radiant fish,
and drowned in seamen's voices as they sail.

VEGETAL AND ALONE

It is autumn, let go of me.

Let my hair go free, like wild ponies,
no gloominess,
no engagements,
no letters to be answered.

Leave me my right arm,
the one more ardent,
the one more blue,
the one made more for flight.

Devolve-me o rosto de um verão
sem a febre de tantos lábios,
sem nenhum rumor de lágrimas
nas pálpebras acesas.

Deixa-me só, vegetal e só,
correndo como um rio de folhas
para a noite onde a mais bela aventura
se escreve exactamente sem nenhuma letra.

POST SCRIPTUM

Agora regresso à tua claridade.
Reconheço o teu corpo, arquitectura
de terra ardente e lua inviolada,
flutuando sem limite na espessura
da noite cheirando a madrugada.

Acordaste na aurora, a boca rumorosa
de um desejo confuso de açucenas;
rosa aberta na brisa ou nas areias,
alta e branca, branca apenas,
e mar ao fundo, o mar das minhas veias.

Estás de pé na orla dos meus versos
ainda quente dos beijos que te dei;
tão jovem, e mais que jovem, sem mágoa
—como no tempo em que tinha medo
que tropeçasses numa gota de água.

Give me back the face of a summer
without the fever of all those lips,
without the lightest sound of tears
on my burning lids.

Leave me alone, vegetal and alone,
flowing like a river of leaves
toward a night where the most beautiful adventure
is recorded perfectly, without a single letter.

POST SCRIPTUM

Now I return to your clear body's light.
I recognize an architecture formed
of burning earth and simple, untouched moon,
that floats beyond all limits in a night
already thick and fragrant with the dawn.

You wake at break of day, your mouth alight
with lilies clamoring confused desire;
an open rose in breeze or in the sand,
a rose both tall and white, and only white,
behind you sea, that sets my veins afire.

You stand there at the border of my verse,
still warm from all those kisses I gave you;
so young, and more than young, unstained by grief,
—as at that time when fear was at its worst,
my fear you'd trip upon a drop of dew.

ATÉ AMANHÃ

UNTIL TOMORROW
(1956)

CORAÇÃO HABITADO

Aqui estão as mãos.
São os mais belos sinais da terra.
Os anjos nascem aqui:
frescos, matinais, quase de orvalho,
de coração alegre e povoado.

Ponho nelas a minha boca,
respiro o sangue, o seu rumor branco,
aqueço-as por dentro, abandonadas
nas minhas, as pequenas mãos do mundo.

Alguns pensam que são as mãos de deus
—eu sei que são as mãos de um homem,
trémulas barcaças onde a água,
a tristeza e as quatro estações
penetram, indiferentemente.

Não lhes toquem: são amor e bondade.
Mais ainda: cheiram a madressilva.
São o primeiro homem, a primeira mulher.
E amanhece.

APENAS UM CORPO

Respira. Um corpo horizontal,
tangível, respira.
Um corpo nu, divino,
respira, ondula, infatigável.

Amorosamente toco o que resta dos deuses.
As mãos seguem a inclinação
do peito e tremem,
pesadas de desejo.

INHABITED HEART

Here are the hands.
They are the most beautiful signs of earth.
Angels are born here:
fresh, of the dawn, almost of dew,
with joyful, peopled hearts.

I place my mouth to them,
breathe their blood, a white murmur,
warm them from within, surrendered
in mine, the little hands of the world.

Some think they are the hands of god
—I know they are the hands of a man,
tremulous hulks where water,
sadness and the four seasons,
indifferent, filter in.

Don't touch them: they are love and goodness.
Even more: they smell of honeysuckle.
They are the first man, the first woman.
And now the dawn.

JUST A BODY

It breathes. A horizontal body,
tangible, it breathes.
A body naked, divine,
it breathes, undulates, tireless.

Lovingly I touch what remains of the gods.
My hands follow the flow
of the chest and tremble,
heavy with desire.

Um rio interior aguarda.
Aguarda um relâmpago,
um raio de sol,
outro corpo.

Se encosto o ouvido à sua nudez,
uma música sobe,
ergue-se do sangue,
prolonga outra música.

Um novo corpo nasce,
nasce dessa música que não cessa,
desse bosque rumoroso de luz,
debaixo do meu corpo desvelado.

SERENATA

Venho ao teu encontro a procurar
bondade, um céu de camponeses,
altas árvores onde o sol e a chuva
adormecem na mesma folha.

Não posso amar-te mais,
luz madura, espaço aberto.
Não posso dar-te mais do que te dou:
sangue, insónias, telegramas, dedos.

Aqui estou, fronte pura, rodeado
de sombras, de soluços, de perguntas.
Aceita esta ternura surda,
este jasmim aprisionado.

Nos meus lábios, melhor: no fogo,
talvez no pão, talvez na água,
para lá dos suplícios e do medo,
tu continuas: matinalmente.

An inner river waits.
Waits for a flash of lightning,
a ray of sunlight,
another body.

If I place my ear to its nakedness,
a music ascends,
rising from the blood,
prolonging another music.

A new body is born,
born of that endless music,
of that forest murmuring with light,
beneath my body, bared.

SERENADE

I come to you in search of
goodness, a peasant's sky,
tall trees where sun and rain
fall asleep together on a leaf.

I cannot love you more than this,
ripened light, open space.
I cannot give you more than I am giving:
blood, sleeplessness, telegrams, and fingers.

Here I am, pure brow, surrounded
by shadows, sobs, and questions.
Accept this deaf tenderness,
this imprisoned jasmine.

On my lips, or rather: in the fire,
in the bread perhaps, or in the water,
in spite of pleadings and of fear,
morning after morning: you persevere.

URGENTEMENTE

É urgente o amor.
É urgente um barco no mar.

É urgente destruir certas palavras,
ódio, solidão e crueldade,
alguns lamentos,
muitas espadas.

É urgente inventar alegria,
multiplicar os beijos, as searas,
é urgente descobrir rosas e rios
e manhãs claras.

Cai o silêncio nos ombros e a luz
impura, até doer.
É urgente o amor, é urgente
permanecer.

CANÇÃO DESESPERADA

Nem os olhos sabem que dizer
a esta rosa de alegria,
aberta nas minhas mãos
ou nos cabelos do dia.

O que sonhei é só água,
água só, roxa de frio.
Nenhuma rosa cabe nesta mágoa.
Dai-me a sombra de um navio.

LITANIA

O teu rosto inclinado pelo vento;
a feroz brancura dos teus dentes;

URGENTLY

It's urgent—love.
It's urgent—a boat upon the sea.

It's urgent to destroy certain words,
hate, solitude, and cruelty,
some moanings,
many swords.

It's urgent to invent a joyfulness,
multiply kisses and cornfields,
discover roses and rivers
and glistening mornings—it's urgent.

Silence and an impure light fall upon
our shoulders till they ache.
It's urgent—love, it's urgent
to endure.

DESPERATE SONG

Not even eyes know what to say
to this rose of joy
open in my hands
or in the tresses of the day.

What I dreamt is simply this,
merely water, purple with cold.
Within this grief no rose can fit.
Give me the shadow of a ship.

LITANY

Your face bent by the breeze;
the ferocious whiteness of your teeth;

as mãos, de certo modo irresponsáveis,
e contudo sombrias, e contudo transparentes;

o triunfo cruel das tuas pernas,
colunas em repouso se anoitece;
o peito raso, claro, feito de água;
a boca sossegada onde apetece

navegar ou cantar, ou simplesmente ser
a cor de um fruto, o peso de uma flor;
as palavras mordendo a solidão,
atravessadas de alegria e de terror;

são a grande razão, a única razão.

CANÇÃO

Tu eras neve.
Branca neve acariciada.
Lágrima e jasmim
no limiar da madrugada.

Tu eras água.
Água do mar se te beijava.
Alta torre, alma, navio,
adeus que não começa nem acaba.

Eras o fruto
nos meus dedos a tremer.
Podíamos cantar
ou voar, podíamos morrer.

Mas do nome
que maio decorou,
nem a cor
nem o gosto me ficou.

your hands somehow irresponsible,
in any case somber, in any case transparent;

The cruel triumph of your legs,
columns at rest when night falls;
your level chest, bright, made of water;
your quiet mouth where one longs

to sail or sing, or simply be
the color of a fruit, the weight of a flower;
words pierced by joy and terror,
biting into solitude;

They are the great cause, the only cause.

SONG

You were snow.
Cherished snow, caressed and white.
Tear and jasmine,
threshold of first light.

You were water.
Water of the salty sea when I
kissed you. Tall tower, soul, ship,
no beginning or end to this good-bye.

You were the fruit within
my fingers, trembling.
We could have sung
or flown, we could have died.

But of the name
that May had memorized,
neither the color
nor the taste remain.

CORAÇÃO DO DIA

HEART OF DAY
(1958)

AS PALAVRAS

São como um cristal,
as palavras.
Algumas, um punhal,
um incêndio.
Outras,
orvalho apenas.

Secretas vêm, cheias de memória.
Inseguras navegam:
barcos ou beijos,
as águas estremecem.

Desamparadas, inocentes,
leves.
Tecidas são de luz
e são a noite.
E mesmo pálidas
verdes paraísos lembram ainda.

Quem as escuta? Quem
as recolhe, assim,
cruéis, desfeitas,
nas suas conchas puras?

CORAÇÃO DO DIA

Olhas-me ainda, não sei se morta:
desprendida
de inumeráveis, melancólicos muros;
só lembrada
que fomos jovens e formosos,
alados e frescos e diurnos.

WORDS

They are like a crystal,
words.
Some a dagger,
some a blaze.
Others,
merely dew.

Secret they come, full of memory.
Insecurely they sail:
cockleboats or kisses,
the waters trembling.

Abandoned, innocent,
weightless.
They are woven of light.
They are the night.
And even pallid
they recall green paradise.

Who hears them? Who
gathers them, thus,
cruel, shapeless,
in their pure shells?

HEART OF DAY

Still you gaze at me, can you be dead:
detached
from countless, dreary walls;
just remembering
how young we were and beautiful,
winged and fresh, daytime creatures.

De que lado adormeces?
Alma: nada te dói?
Não te dói nada, eu sei;
agora o corpo é formosura
urgente de ser rio:
ao meu encontro voa.

Nada te fere, nada te ofende.
Numa paisagem de água,
tranquilamente,
estendes os teus ramos
que só a brisa afaga.
A brisa e os meus dedos
fragrantes do teu rosto.

Mãe, já nada nos separa.
Na tua mão me levas,
uma vez mais,
ao bosque onde me sento
à tua sombra.
—Como tu cresceste!—
suspiras.

Alma: como eu cresci.
E como tu és
agora
pequena, frágil, orvalhada.

UM RIO TE ESPERA

Estás só, e é de noite,
na cidade aberta ao vento leste.
Há muita coisa que não sabes
e é já tarde para perguntares.
Mas tu já tens palavras que te bastem,
as últimas,
pálidas, pesadas, ó abandonado.

On which side do you fall asleep?
Soul: does something hurt you?
No, nothing hurts you, I know;
now the body is beauty
urgent to be a river:
it flies to meet me.

Nothing wounds you, nothing offends.
In a watery countryside,
calmly
you stretch out your boughs
which only the breeze can caress.
The breeze and my fingers,
fragrant with your face.

Mother, nothing stands between us now.
By the hand you lead me,
once again,
to the woods where I sit
in your shade.
"How you have grown,"
you sigh.

Soul: how I have grown.
And how small
you are now,
fragile, covered in dew.

A RIVER AWAITS YOU

You are alone and it is night
in the city open to the east wind.
There is much you do not know
and it is too late for you to ask.
But you have words enough for you,
the final ones,
pale, leaden, and you, abandoned.

Estás só
e ao teu encontro vem
a grande ponte sobre o rio.
Olhas a água onde passaram barcos,
escura, densa, rumorosa
de lírios ou pássaros nocturnos.

Por um momento esqueces
a cidade e o seu comércio de fantasmas,
a multidão atarefada em construir
pequenos ataúdes para o desejo,
a cidade onde cães devoram,
com extrema piedade,
crianças cintilantes
e despidas.

Olhas o rio
como se fora o leito
da tua infância:
lembras-te da madressilva
no muro do quintal,
dos medronhos que colhias
e deitavas fora,
dos amigos a quem mandavas
palavras inocentes
que regressavam a sangrar,
lembras-te de tua mãe
que te esperava
com os olhos molhados de alegria.

Olhas a água, a ponte,
os candeeiros,
e outra vez a água;
a água;
água ou bosque;
sombra pura
nos grandes dias de verão.

You are alone
and the great bridge over the river
comes to meet you.
You look down to where the boats have passed,
the water dark, thick, murmuring
of lilies or birds of night.

For a moment you forget
the city and its commerce-ridden ghosts,
its crowds scurrying to construct
little coffins for their desires,
that city where dogs devour,
with extreme piety,
children glistening
in their nakedness.

You look at the river
as if it were your
childhood bed:
you remember honeysuckle
on the backyard wall,
medronho fruit you gathered from the tree,
then threw away,
friends to whom you sent
innocent words
that returned bleeding,
you remember your mother
waiting for you,
eyes moist with joy.

You look at the water, the bridge,
the rows of lights,
and once again the water;
the water;
water or woods;
pure shadow
in the long days of summer.

Estás só.
Desolado e só.
E é de noite.

PEQUENA ELEGIA DE SETEMBRO

Não sei como vieste,
mas deve haver um caminho
para regressar da morte.

Estás sentada no jardim,
as mãos no regaço cheias de doçura,
os olhos pousados nas últimas rosas
dos grandes e calmos dias de setembro.

Que música escutas tão atentamente
que não dás por mim?
Que bosque, ou rio, ou mar?
Ou é dentro de ti
que tudo canta ainda?

Queria falar contigo,
dizer-te apenas que estou aqui,
mas tenho medo,
medo que toda a música cesse
e tu não possas mais olhar as rosas.
Medo de quebrar o fio
com que teces os dias sem memória.

Com que palavras
ou beijos ou lágrimas
se acordam os mortos sem os ferir,
sem os trazer a esta espuma negra
onde corpos e corpos se repetem,
parcimoniosamente, no meio de sombras?

You are alone.
Desolate and alone.
And it is night.

BRIEF SEPTEMBER ELEGY

I don't know how you came,
but there must be a road
leading back from death.

You are seated in the garden,
your hands in your lap, filled with sweetness,
your eyes resting on the last roses
of these vast and calm September days.

What music do you follow so intently
that you don't even notice me?
What forest, or river, or sea?
Or is it within yourself
that everything still sings?

I would like to speak to you,
just to tell you that I'm here,
but I'm afraid,
afraid the music all will stop
and you will cease to see the roses.
Afraid of breaking the thread
with which you weave unremembered days.

With what words
or kisses or tears
can one awake the dead without harming them,
without bringing them to that black foam
where bodies and bodies repeat themselves,
parsimoniously, among shadows?

Deixa-te estar assim,
ó cheia de doçura,
sentada, olhando as rosas,
e tão alheia
que nem dás por mim.

DESPERTAR

É um pássaro, é uma rosa,
é o mar que me acorda?
Pássaro ou rosa ou mar,
tudo é ardor, tudo é amor.
Acordar é ser rosa na rosa,
canto na ave, água no mar.

Stay as you are then,
filled with sweetness,
seated, gazing at the roses,
and so very far away
you don't even notice me.

TO WAKEN

Is it a bird, is it a rose,
is it the sea that wakens me?
Bird or rose or sea,
all is fire, all desire.
To awake is to be rose of the rose,
song of the bird, water of the sea.

MAR DE SETEMBRO

SEPTEMBER SEA

(1961)

MAR DE SETEMBRO

Tudo era claro:
céu, lábios, areias.
O mar estava perto,
fremente de espumas.
Corpos ou ondas:
iam, vinham, iam,
dóceis, leves—só
ritmo e brancura.
Felizes, cantam;
serenos, dormem;
despertos, amam,
exaltam o silêncio.
Tudo era claro,
jovem, alado.
O mar estava perto.
Puríssimo. Doirado.

OCULTAS ÁGUAS

Um sopro quase,
esses lábios.

Lábios? Disse lábios,
areias?
Lábios. Com sede
ainda de outros lábios.

Sede de cal.
Quase lume.
Lume
quase de orvalho.

Lábios:
ocultas águas.

SEPTEMBER SEA

It was all luminous:
sky, lips, sand.
The sea was near,
trembling with foam.
Bodies or waves:
to and fro, to and fro,
sweet, light—just
rhythm and whiteness.
Happy, they sing;
calm, they sleep;
awakened, they love,
swelling the silence.
It was all luminous,
young, with wings.
The sea was near.
Golden. Utterly pure.

HIDDEN WATERS

Almost a whisper of air,
those lips.

Lips? Did I say lips,
or sands?
Lips. Thirsty
still for other lips.

Thirsting for white.
Almost flame.
Flame
almost dew.

Lips:
hidden waters.

QUE VOZ LUNAR

Que voz lunar insinua
o que não pode ter voz?

Que rosto entorna na noite
todo o azul da manhã?

Que beijo de oiro procura
uns lábios de brisa e água?

Que branca mão devagar
quebra os ramos do silêncio?

SERÃO PALAVRAS

Diremos prado bosque
primavera,
e tudo o que dissermos
é só para dizermos
que fomos jovens.

Diremos mãe amor
um barco,
e só diremos
que nada há
para levar ao coração.

Diremos terra mar
ou madressilva,
mas sem música no sangue
serão palavras só,
e só palavras, o que diremos.

WHAT MOONLIT VOICE

What moonlit voice intimates
what cannot find a voice?

What face spills upon the night
all the bluish light of morning?

What golden kiss seeks after
lips of breeze and water?

What white hand slowly
breaks the boughs of silence?

THEY WILL BE WORDS

We will say meadow woodland
early spring
and all that we may say
is just to say
that we were young.

We will say mother love
a boat,
and we will only say
that there is nothing
to bring the heart in offering.

We will say earth sea
or honeysuckle,
but without music in the blood
mere words is what they'll be,
and merely words, what we will say.

CANÇÃO COM GAIVOTAS DE BERMEO

É março ou abril?
É um dia de sol
perto do mar,
é um dia
em que todo o meu sangue
é orvalho e carícia.

De que cor te vestiste?
De madrugada ou limão?
Que nuvens olhas, ou colinas
altas,
enquanto afastas o rosto
das palavras que escrevo
de pé, exigindo
o teu amor?

É um dia de maio?
É um dia em que tropeço
no ar
à procura do azul dos teus olhos,
em que a tua voz
dentro de mim pergunta,
insiste:
Se te fué la melancolía,
amigo mío del alma?

É junho? É setembro?
É um dia
em que estou carregado de ti
ou de frutos,
e tropeço na luz, como um cego,
a procurar-te.

SONG WITH SEAGULLS OF BERMEO

Is it March or April?
It's a day of sun
close to the sea,
it's a day
in which all my blood
turns to caresses and dew.

What color did you wear?
The light of dawn or lemon?
What clouds are you looking at,
what high hills,
while turning your face
from the words I write,
standing here, demanding
your love?

Is it a day in May?
It's a day in which I stumble
on the air
in search of the blue of your eyes,
in which your voice,
within me, asks,
insists:
Se te fué la melancolía,
amigo mío del alma? *

Is it June? Is it September?
It's a day
in which I am laden full with you
or with fruits,
and I stumble through the light, like a blindman,
in search of you.

* Excerpt from a letter in Spanish: *Has your melancholy left you, / o friend of*
my soul?

EROS

Nunca o verão se demorara
assim nos lábios
e na água
—como podíamos morrer,
tão próximos
e nus e inocentes?

QUE DIREMOS AINDA?

Vê como de súbito o céu se fecha
sobre dunas e barcos,
e cada um de nós se volta e fixa
os olhos um no outro,
e como deles devagar escorre
a última luz sobre as areias.

Que diremos ainda? Serão palavras,
isto que aflora aos lábios?
Palavras?, este rumor tão leve
que ouvimos o dia desprender-se?
Palavras, ou luz ainda?

Palavras, não. Quem as sabia?
Foi apenas lembrança de outra luz.
Nem luz seria, apenas outro olhar.

EROS

Never had the summer lingered
thus on lips
and on the water
—how could we have died,
so near,
so naked, and so innocent?

WHAT THEN SHALL WE SAY?

See how suddenly the sky closes
over the dunes and boats,
and each of us turns and fixes
his eyes on the other,
and see how the last light slowly
drips from them onto the sand.

What then shall we say? Could it be words,
this that rises to the lips?
Words? This sound so light
that we can hear the day as it departs?
Words, or might it still be light?

Words, no. Who could know them?
It was just the memory of another light.
Perhaps not even light, just another gaze.

OSTINATO RIGORE

(1964)

SONETO MENOR À CHEGADA DO VERÃO

Eis como o verão
chega de súbito,
com seus potros fulvos,
seus dentes miúdos,

seus múltiplos, longos
corredores de cal,
as paredes nuas,
a luz de metal,

seu dardo mais puro
cravado na terra,
cobras que despertam
no silêncio duro—

eis como o verão
entra no poema.

CRISTALIZAÇÕES

1.
Com palavras amo.

2.
Inclina-te como a rosa
só quando o vento passe.

3.
Despe-te
como o orvalho
na concha da manhã.

MINOR SONNET ON THE ARRIVAL OF SUMMER

See how the summer
suddenly comes,
with its tawny colts,
its tiny teeth,

its multiple, long
corridors washed white,
its naked walls,
that metallic light,

its purest spear
nailed to the earth,
its snakes in hard silence
now coming awake—

see how the summer
slips into the poem.

CRYSTALLIZATIONS

1.
I love with words.

2.
Like the rose, bend
only when the wind blows.

3.
Disrobe
like the dew
in the curved shell of the morning.

4.
Ama
como o rio sobe os últimos degraus
ao encontro do seu leito.

5.
Como podemos florir
ao peso de tanta luz?

6.
Estou de passagem:
amo o efémero.

7.
Onde espero morrer
será manhã ainda?

EROS DE PASSAGEM

1.
Apelo da manhã perdido em flor:
ave seria se não fosse ardor.

2.
Pelo sabor da água reconheço
a ternura e os flancos do verão.

3.
Um corpo brilha nu para o desejo
dançar na luz a pique das areias.

4.
Nas águas rumorosas da memória
contigo acabo agora de nascer.

4.
Love
as the river climbs the last steps
to find its bed.

5.
How can we blossom
under the weight of so much light?

6.
I am passing through:
I love the ephemeral.

7.
Where I hope to die
will it still be morning?

EROS PASSING

1.
Call of morning lost in flower:
it would be bird if it weren't ardor.

2.
In the taste of the water I recognize
the tenderness and loins of summer.

3.
A body glistens naked so desire
may dance in the light, straight upon the sands.

4.
In the murmuring waters of memory
just now, with you, I have been born.

5.
O vento inclina as hastes à luz dura:
a terra está próxima e madura.

NATUREZA-MORTA COM FRUTOS

1.
O sangue matinal das framboesas
escolhe a brancura do linho para amar.

2.
A manhã cheia de brilhos e doçura
debruça o rosto puro na maçã.

3.
Na laranja o sol e a lua
dormem de mãos dadas.

4.
Cada bago de uva sabe de cor
o nome dos dias todos do verão.

5.
Nas romãs eu amo
o repouso no coração do lume.

METAMORFOSES DA CASA

Ergue-se aérea pedra a pedra
a casa que só tenho no poema.

A casa dorme, sonha no vento
a delícia súbita de ser mastro.

Como estremece um torso delicado,
assim a casa, assim um barco.

5.
The wind bends the stems under a hard light:
the earth is very close and ripe.

STILL LIFE WITH FRUIT

1.
The morning blood of raspberries
chooses the whiteness of linen to love.

2.
Morning filled with sparklings and sweetness
settles its purest face upon the apple.

3.
In the orange, the sun and moon
are sleeping hand in hand.

4.
Each grape knows by heart
the names of all of summer's days.

5.
In pomegranates, this I love —
the stillness in the center of the flame.

METAMORPHOSIS OF THE HOUSE

Stone by airy stone it rises,
that house which only in a poem is mine.

It sleeps, the house, dreaming as winds blow
the sudden delight of being mast and prow.

As a delicate body shivers,
so too the house, so too a ship.

Uma gaivota passa e outra e outra,
a casa não resiste: também voa.

Ah, um dia a casa será bosque,
à sua sombra encontrarei a fonte
onde um rumor de água é só silêncio.

NOCTURNO DE FÃO

De palavra em palavra
a noite sobe
aos ramos mais altos

e canta
o êxtase do dia.

ESCUTO O SILÊNCIO

Escuto o silêncio: em abril
os dias são
frágeis, impacientes e amargos;
os passos
miúdos dos teus dezasseis anos
perdem-se nas ruas, regressam
com restos de sol e chuva
nos sapatos,
invadem o meu domínio de areias
apagadas,
e tudo começa a ser ave
ou lábios, e quer voar.

Um rumor cresce lentamente,
oh, lentamente
não cessa de crescer,
um rumor de pálpebras

74

A seagull flies by and another and another,
the house cannot resist: it begins to hover.

Ah, one day that house will turn to forest,
and in its shadow I will find a spring
where only silence comes from water's murmuring.

FÃO NOCTURNE

Word by word,
night climbs
to the highest boughs

and sings
the ecstasy of day.

I LISTEN TO SILENCE

I listen to silence: in April
the days are
fragile, impatient, and bitter;
the little
steps of your sixteen years
are lost in the streets, then return
with scraps of sun and rain
on their shoes,
invade my domain of extinguished
sands,
and everything turns to bird
or lips, and wants to fly.

A sound slowly grows,
slowly,
incessantly grows,
a sound of eyelids

ou pétalas
sobe de terraço em terraço,
descobre um dia
de cinzas com vestígios de beijos.
Um só rumor de sangue
jovem:
dezasseis luas altas,
selvagens, inocentes e alegres,
ferozmente enternecidas;
dezasseis potros
brancos na colina sobre as águas.

Como um rio cresce, cresce um rumor;
quero eu dizer,
assim um corpo cresce, assim
as ameixieiras bravas
do jardim,
assim as mãos,
tão cheias de alegria,
tão cheias de abandono.

Um rumor de sementes,
de cabelos
ou ervas acabadas de cortar,
um irreal amanhecer de galos
cresce contigo,
na minha noite de quatro muros,
no limiar da minha boca,
onde te demoras a dizer-me adeus.

Escuto um rumor: é só silêncio.

or petals
mounts from terrace to terrace,
and discovers a day of ashes
with vestiges of kisses.
A single sound of youthful
blood:
sixteen moons high,
wild, innocent, and full of joy,
fiercely tender-hearted;
sixteen colts,
white on the hillside above the waters.

As a river grows, so grows a sound;
what I mean is
that's how a body grows, and
wild plum trees
in the garden,
and hands,
filled with joy,
filled with abandon.

A sound of seeds,
of hair
or grass just cut,
an unreal dawn of roosters
grows with you,
in my night of four walls,
on the threshold of my mouth,
where you linger to tell me good-bye.

I listen to a sound: it is only silence.

EROS THANATOS

1.
Ó pureza apaixonadamente minha:
terra toda nas minhas mãos acesa.

2.
O que sei de ti foi só o vento
a passar nos mastros do verão.

3.
Um corpo apenas, barco ou rosa,
rumoroso de abelhas ou de espuma.

4.
Entre lábios e lábios não sabia
se cantava ou nevava ou ardia.

5.
Amo como as espadas brilham
no ardor indizível do dia.

6.
Seria a morte esta carícia
onde o desejo era só brisa?

DESPEDIDA

Colhe
todo o oiro do dia
na haste mais alta
da melancolia.

EROS THANATOS

1.
Oh purity, acutely mine:
the whole earth burning in my hands.

2.
What I know of you is only wind
passing through the masts of summer.

3.
Just a body, a boat or rose,
its murmur of bees or of foam.

4.
Between lips and lips I didn't know
if I was song or flame or snow.

5.
My love, like a sword's blaze
in the ineffable heat of day.

6.
Could it be death, this caress
in which desire is just a breath?

TAKING LEAVE

Gather
all the gold of day
on melancholy's
highest branching spray.

OBSCURO DOMÍNIO

DARK DOMAIN
(1971)

A MÚSICA

Álamos.
Música
de matutina cal.

Doces vogais
de sombra e água
num verão de fulvos
lentos animais.

Calhandra matinal
no ar
feliz de junho.

Acidulada
música de cardos.

Música do fogo
em redor dos lábios.

Desatada
à roda da cintura.

Entre as pernas,
junta.

Música
das primeiras chuvas
sobre o feno.

Só aroma.
Abelha de água.

Regaço
onde o lume breve
de uma romã brilha.

Poplars.
This music
of morning's whitewashed walls.

Sweet vowels
of shadow and water
in a summer of tawny
lazing animals.

Morning lark
in the happy
air of June.

Tart music
of thistles.

Music of fire
around the lips.

Unbuttoned
round the waist.

Between the legs
gathering.

Music
of the first rains
upon the hay.

Fragrance only.
Bee of water.

A lap
where the brief flame
of a pomegranate shines.

Música, levai-me:

Onde estão as barcas?
Onde são as ilhas?

OS ANIMAIS

Vejo ao longe os meus dóceis animais.
São altos e as suas crinas ardem.
Correm à procura de uma fonte,
a púrpura farejam entre juncos quebrados.

A própria sombra bebem devagar.
De vez em quando erguem a cabeça.
Olham de perfil, quase felizes
de ser tão leve o ar.

Encostam o focinho perto dos teus flancos,
onde a erva do corpo é mais confusa,
e como quem se aquece ao sol
respiram lentamente, apaziguados.

A PALMEIRA JOVEM

Como a palmeira jovem
que Ulisses viu em Delos, assim

esbelto era o dia
em que te encontrei;

assim esbelta era a noite
em que te despi,

e como um potro na planície nua
em ti entrei.

Music, take me:

Where are the boats?
Where are the islands?

ANIMALS

Far off I see my docile animals.
They are tall and their manes are burning.
They run, searching for a spring,
and sniff the purple among broken rushes.

Slowly they drink the very shade.
Now and then they lift their heads.
They gaze in profile, happy almost
at the lightness of the air.

They place their muzzles close beside your loins,
where the body's grass is most confused,
and like a creature basking in the sun,
slowly they breathe, soothed and calm.

THE YOUNG PALM TREE

Like the young palm tree
Odysseus saw on Delos, so

slender was the day
when I met you;

so slender the night
in which I undressed you;

and like a colt upon the naked plains
entered, entered you.

CORPO HABITADO

Corpo num horizonte de água,
corpo aberto
à lenta embriaguez dos dedos,
corpo defendido
pelo fulgor das maçãs,
rendido de colina em colina,
corpo amorosamente humedecido
pelo sol dócil da língua.

Corpo com gosto a erva rasa
de secreto jardim,
corpo onde entro em casa,
corpo onde me deito
para sugar o silêncio,
ouvir
o rumor das espigas,
respirar
a doçura escuríssima das silvas.

Corpo de mil bocas,
e todas fulvas de alegria,
todas para sorver,
todas para morder até que um grito
irrompa das entranhas,
e suba às torres,
e suplique um punhal.
Corpo para entregar às lágrimas.
Corpo para morrer.

Corpo para beber até ao fim —
meu oceano breve
e branco,
minha secreta embarcação,
meu vento favorável,
minha vária, sempre incerta
navegação.

INHABITED BODY

Body on a horizon of water,
body open
to the slow intoxication of fingers,
body defended
by the splendor of apples,
surrendered hill by hill,
body lovingly made moist
by the tongue's pliant sun.

Body with the taste of cropped grass
in a secret garden,
body where I am at home,
body where I lie down
to suck up silence,
to hear
the murmur of blades of grain,
to breathe
the deep dark sweetness of the bramble bush.

Body of a thousand mouths,
all tawny with joy,
all ready to sip,
ready to bite till a scream
bursts from the bowels
and mounts to the towers
and pleads for a dagger.
Body for surrendering to tears.
Body ripe for death.

Body for imbibing to the end—
my ocean, brief
and white,
my secret vessel,
my propitious wind,
my errant, unknown,
endless navigation.

EM LOUVOR DO FOGO

Um dia chega
de extrema doçura:
tudo arde.

Arde a luz
nos vidros da ternura.

As aves,
no branco
labirinto da cal.

As palavras ardem,
a púrpura das naves.

O vento,

onde tenho casa
à beira do outono.

O limoeiro, as colinas.

Tudo arde
na extrema e lenta
doçura da tarde.

ARTE DE NAVEGAR

Vê como o verão
subitamente
se faz água no teu peito,

e a noite se faz barco,

e minha mão marinheiro.

IN PRAISE OF FIRE

A day
of utter sweetness comes:
everything burns.

Light burns
in the windows of tenderness.

Birds,
in the bright
labyrinth of whitewashed walls.

Words burn,
the purple shade of ships.

The wind,

where I have a house
on the edge of autumn.

The lemon tree, the hills.

Everything burns
in the utter sluggish
sweetness of the afternoon.

THE ART OF NAVIGATION

See how the summer
suddenly
turns to water on your breast,

and the night turns to boat,

and my hand to sailor.

VÉSPERA DA ÁGUA

Tudo lhe doía
de tanto que lhes queria:

a terra
e o seu muro de tristeza,

um rumor adolescente,
não de vespas
mas de tílias,

a respiração do trigo,

o fogo reunido na cintura,
um beijo aberto na sombra,

tudo lhe doía:

a frágil e doce e mansa
masculina água dos olhos,

o carmim entornado nos espelhos,

os lábios,
instrumentos da alegria,

de tanto que lhes queria:

os dulcíssimos melancólicos
magníficos animais amedrontados,

um verão difícil
em altos leitos de areia,

a haste delicada de um suspiro,

EVE OF WATER

Everything ached within,
so strong was his desire:

the earth
and its wall of sadness,

an adolescent murmur not of wasps
but of linden trees,

the breathing of the wheat,

fire gathered at the waist,

an open kiss in the shadows,

everything ached within:

a fragile, sweet, gentle
masculine watering of the eyes,

carmine squandered on mirrors,

lips,
the instruments of joy,

so strong was his desire:

the melancholy sweet
magnificence of frightened animals,

a difficult summer
in high beds of sand,

a sigh's delicate stalk,

o comércio dos dedos em ruína,

a harpa inacabada
da ternura,

um pulso claramente pensativo,

lhe doía:

na véspera de ser homem,
na véspera de ser água,
o tempo ardido,

rouxinol estrangulado,

meu amor: amora branca,

o rio
inclinado
para as aves,

a nudez partilhada, os jogos matinais,
ou se preferem: nupciais,

o silêncio torrencial,

a reverência dos mastros,

no intervalo das espadas

uma criança corre
corre na colina

atrás do vento,

de tanto que lhes queria,
tudo tudo lhe doía.

the business of ruined fingers,

the unfinished harp
of tenderness,

a pulse clearly pensive

ached within:

on the eve of becoming a man,
on the eve of becoming water,
time burning,

strangled nightingale,

my love: white mulberry,

the river
tilted
towards the birds,

shared nakedness, morning games,
or if you'd rather: nuptial,

the torrential silence,

the reverence of masts,

in the interval of swords

a child is running
running on the hill

after the wind,

so strong was his desire
everything, everything ached within.

DESDE O CHÃO

A pele porosa do silêncio
agora que a noite sangra nos pulsos
traz-me o teu rumor de chuva branca.

O verão anda por aí, o cheiro
violento da beladona cega a terra.
Cega também, a boca procura
trabalhos de amor. Encontra apenas
o nó de sombra das palavras.

Palavras . . . Onde um só grito
bastaria, há a gordura
das palavras. Palavras . . . ,
quando apetecem claridades súbitas,
o sumo estreme, a ponta extrema
do teu corpo, arco, flecha,
corola de água aberta
ao fogo a prumo do meu corpo.

Do chão ao cume das colinas,
eis as areias. Cala-te.
Deita-te. Debaixo dos meus flancos.
A terra toda em cima. Agora arde. Agora.

OBSCURO DOMÍNIO

Amar-te assim desvelado
entre barro fresco e ardor.
Sorver entre lábios fendidos
o ardor da luz orvalhada.

Deslizar pela vertente
da garganta, ser música
onde o silêncio aflui
e se concentra.

FROM THE GROUND

The porous skin of silence,
now that the night bleeds at its wrists,
brings to me the murmur of your white rain.

Summer is somewhere out there, the violent
smell of belladonna blinds the earth.
Blind as well, the mouth searches
for the works of love. But finds instead
the shadowy knot of words.

Words . . . Where a single cry
would be enough, the blubber
of words. Words—
when one yearns for instant clarity,
purest sap, the furthest reaches
of your body, bow, arrow,
crown of water open
to the slant fire of my body.

From the ground to the hilltops,
behold the sands. Be still.
Lie down. Beneath my thighs.
All the earth above. Now burn. Now. Now.

DARK DOMAIN

To love you, vigilant, like this,
between fresh clay and ardor.
To sip from slightly parted lips
the light of dewy, whitewashed walls.

Smoothly to glide down the slope
of the throat, to be music
where silence flows
and gathers together.

Irreprimível queimadura
ou vertigem desdobrada
beijo a beijo,
brancura dilacerada.

Penetrar na doçura da areia
ou do lume,
na luz queimada
da pupila mais azul,

no oiro anoitecido
entre pétalas cerradas,
no alto e navegável
golfo do desejo,

onde o furor habita
crispado de agulhas,
onde faça sangrar
as tuas águas nuas.

DISSONÂNCIAS

Pedra a pedra
a casa vai regressar.
Já nos ombros sinto o ardor
da sua navegação.

Vai regressar
o silêncio com as harpas.
As harpas com as abelhas.

No verão morre-se
tão devagar à sombra dos ulmeiros!

Direi então:
Um amigo

Unbridled burning,
dizziness unfolding
kiss by kiss,
dilacerated whiteness.

To penetrate the sweetness of the sand
or of the flame,
the faded, burnt-out light
of the deepest, bluest eye,

the twilit, dusky gold
between closed petals,
the high and navigable
gulf of our desire,

where frenzy dwells
crinkling with needles,
where I would make
your naked waters bleed.

DISSONANCES

Stone by stone
the house will come back.
On my shoulders I already feel
the burning of its passage.

Silence with harps.
Harps with bees,
all will come back.

In summer one slowly
dies in the shade of the elms.

I will say then:
A friend

é o lugar da terra
onde as maçãs brancas são mais doces.

Ou talvez diga:
O outono amadurece nos espelhos.
Já nos meus ombros sinto
a sua respiração.
Não há regresso: tudo é labirinto.

O SILÊNCIO

Quando a ternura
parece já do seu ofício fatigada,

e o sono, a mais incerta barca,
inda demora,

quando azuis irrompem
os teus olhos

e procuram
nos meus navegação segura,

é que eu te falo das palavras
desamparadas e desertas,

pelo silêncio fascinadas.

DESDE A AURORA

Como um sol de polpa escura
para levar à boca,
eis as mãos:
procuram-te desde o chão,

is the place on earth
where white apples are most sweet.

Or perhaps I will say:
Autumn ripens in the mirrors.
On my shoulders I already feel
its breath.
There is no coming back: all is labyrinth.

SILENCE

When tenderness
seems tired at last of its offices

and sleep, that most uncertain vessel,
still delays,

when blue bursts from
your eyes

and searches
mine for steady seamanship,

then it is I speak to you of words
desolate, derelict,

transfixed by silence.

SINCE DAWN

Like a sun of dark pulp
to be lifted to one's mouth,
look, my hands:
from the ground they search for you,

entre os veios do sono
e da memória procuram-te:
à vertigem do ar
abrem as portas:

vai entrar o vento ou o violento
aroma de uma candeia,
e subitamente a ferida
recomeça a sangrar:

é tempo de colher: a noite
iluminou-se bago a bago: vais surgir
para beber de um trago
como um grito contra o muro.

Sou eu, desde a aurora,
eu—a terra—que te procuro.

between the veins of sleep
and memory they search for you:
they open doors
to the reeling of the air:

in comes the wind or the wild
smell of an oil lamp,
and suddenly the wound
begins to bleed afresh:

it is time for harvesting: the night
brightens grape by grape: and you emerge
to swallow it at a gulp
like a cry against a wall.

It is I, since dawn,
I—the earth—searching for you.

VÉSPERA DA ÁGUA

ON THE EVE OF WATER
(1973)

SOBRE O CAMINHO

Nada.

Nem o branco fogo do trigo
nem as agulhas cravadas na pupila dos pássaros
te dirão a palavra.

Não interrogues não perguntes
entre a razão e a turbulência da neve
não há diferença.

Não colecciones dejectos o teu destino és tu.

Despe-te
não há outro caminho.

SOBRE UM CORPO

Sobre o teu corpo caio
daquele modo que o verão tem de espalhar os cabelos
na água esparsa dos dias
e faz das peónias uma chuva de oiro
ou a mais incestuosa das carícias.

SOBRE A PALAVRA

Entre a folha branca e o gume do olhar
a boca envelhece.

Sobre a palavra
a noite aproxima-se da chama.

Assim se morre dizias tu.
Assim se morre dizia o vento acariciando-te a cintura.

ON THE PATH

Nothing

not the white flame of wheat
nor the needles nailed to the pupils of birds
will tell you the word

Do not question do not ask
between reason and the turbulence of snow
there is no difference

Don't gather slops your destiny is you

Take your clothes off
there is no other path

UPON A BODY

I fall upon your body
just the way the summer spreads its hair
on the scattered waters of the days
and makes of peonies a golden rain
or gives the most incestuous caress.

UPON THE WORD

Between a white leaf and the sharp edge of a gaze
the mouth grows old.

Upon the word
night approaches the flame.

This is how one dies you said
this is how one dies said the wind, its touch upon your waist.

Na porosa fronteira do silêncio
a mão ilumina a terra inacabada.

Interminavelmente.

SOBRE OS RIOS

Há rios que chegam subitamente
atraídos pelo fulgor dos dedos

ao limiar dos lábios

como certas crianças
à beira da morte sem que ninguém suspeite

que não dormem

porque a corrosiva substância dos seus olhos
é lenta ondulação e cega—

isto te queria dizer.

SÚNION

Nesse novembro nos flancos
do crepúsculo,
como falar entre o silêncio
calcinado

das colunas de Súnion
nos ramos do amor,
como falar
das falésias

tão longe
e leve a luz das abelhas?

At the porous frontier of silence
the hand gives light to an unfinished land.

Endlessly.

ON RIVERS

There are rivers that come quickly
drawn by the dazzle of fingers

to the threshold of lips

like certain children
on the verge of death while no one suspects

it is more than sleep

for the corrosive substance of their eyes
slowly undulates and blinds—

that's what I wanted to tell you

SOUNION

That November, on the flanks
of twilight,
how could I speak within the seared
silence

of the columns of Sounion,
in the branchings of love,
how could I speak
of the cliffs of the sea

so distant
so weightless the light of the bees?

TRÊS OU QUATRO SÍLABAS

Neste país
onde se morre de coração inacabado
deixarei apenas três ou quatro sílabas
de cal viva junto à água.

É só o que me resta
e o bosque inocente do teu peito
meu tresloucado e doce e frágil
pássaro das areias apagadas.

Que estranho ofício o meu
procurar rente ao chão
uma folha entre a poeira e o sono
húmida ainda do primeiro sol.

DO ESQUECIMENTO

Oh circe circe de lentas folhas
faz do esquecimento o brilho furtivo das maçãs
a pequena orgia da chuva na vidraça
os dentes miúdos da carícia.

OS RESÍDUOS

O ar começa a doer
quando lentíssimos de amor
os resíduos caem
na palha:

a exígua
substância da alegria
ou lisa pedra de outono
morre na flor da candeia:

THREE OR FOUR SYLLABLES

In this land
where one dies of an incomplete heart
I will leave just three or four syllables
of quicklime beside the water.

Only that remains to me that
and the innocent glade of your chest
my demented sweet and fragile
bird of extinguished sands.

How strange my task
to search close to the ground
for a leaf between the dust and sleep
moist still from the early sun.

ON FORGETTING

Oh circe circe of slowly falling leaves
turn our forgetting to the furtive gleam of apples
the little orgy of rain upon the windowpane
the tiny teeth of tenderness.

THE RESIDUE

The air begins to ache
when sluggish from love
the residue falls
to the straw:

the brief
substance of joy
or smooth stone of autumn
dies in the flower of lamplight:

a escuridão invade
o pulso e gota a gota
a loucura
acode branca:

enquanto crescem dentes
à noite solitária
vem a música do sono
na água.

OUTRO FRAGMENTO

Entre obscuras sementes a mão recolhe
a luz dos lódãos:
as suas águas são a pedra do crepúsculo.

Entre a festa e a morte
que fizeste da manhã?—pergunta
insiste o vento.

Com um rumor de neve ou de animal
moribundo fiz o anel e a casa:
assim o deserto cresce sobre o coração.

CAVATINA

Obstruído o caminho da transparência
só me resta reunir os fragmentos do sol nos espelhos
e com eles junto ao coração
atravessar indiferente a desordem matinal dos mastros.

Quanto mais envelheço mais pueril é a luz
mas essa vai comigo.

darkness invades
the pulse and drop by drop
madness
rushes forward, white:

while the solitary night
grows teeth,
the music of sleep
comes with the water.

ANOTHER FRAGMENT

From among dim seeds the hand gathers
the light of the locust trees:
their waters are the twilight's stone.

Between festivities and death
what did you do with the morning?—asks,
insists the wind.

With the sound of snow or of a dying
animal I made both ring and house:
thus the desert grows over the heart.

CAVATINA

The path of transparency blocked
all I can do is reunite the mirrored fragments of the sun
and with them close to my heart
pass indifferent through the morning chaos of masts.

The more I age the more childlike the light
but that will go with me.

ESSE VERDE

Entre o verde complacente
das palavras corre o silêncio,
assim como um cabelo
cai—ou neve.

Já foi uma criança, esse verde,
inquieta de tanto olhar
a noite nos espelhos—
agora encostada ao meu ombro
dorme no outono inacabado.

É como se me fosse consentido
conciliar a flor do pessegueiro
com um coração fatigado,
essa criança que no vento
cresce simplesmente ou esquece.

Vai perder-se, não tarda,
vai perder-se na água sem memória,
assim como indiferente cai
um cabelo—ou neve.

THAT GREEN

Silence flows amidst
the complacent green of words,
just as a hair
falls—or the snow.

It once was a child, that green,
restless from so much gazing
at night into mirrors—
leaning now upon my shoulder
it sleeps in this unfinished fall.

It is as if I were allowed
to link the blossom of a peach tree
with a tired heart,
that child who in the wind
simply grows or forgets.

He will get lost, it won't take long;
he will get lost in water without memory,
just as a hair, indifferent,
falls—or snow.

ESCRITA DA TERRA

EARTH'S SCRIPT
(1974)

KERKIRA

Como esse cheiro a linho
que só os ombros acariciados têm
a terra é branca

e nua.

ROMA

Era no verão ao fim da tarde,
como Adriano ou Virgílio ou Marco Aurélio
entrava em Roma pela Via Ápia
e por Antínoo e todo o amor da terra
juro que vi a luz tornar-se pedra.

LISBOA

Esta névoa sobre a cidade, o rio,
as gaivotas doutros dias, barcos, gente
apressada ou com o tempo todo para perder,
esta névoa onde começa a luz de Lisboa,
rosa e limão sobre o Tejo, esta luz de água,
nada mais quero de degrau em degrau.

MEDITERRÂNEO

Como no poema de Whitman um rapazito
aproximou-se e perguntou-me: O que é a erva?
Entre o seu olhar e o meu o ar doía.
À sombra de outras tardes eu falava-lhe
das abelhas e dos cardos rente à terra.

KERKIRA

Like the smell of linen
that only shoulders gently touched possess
the earth is white

and bare.

ROME

It was late on a summer afternoon that,
like Hadrian or Virgil or Marcus Aurelius,
I entered Rome along the Via Appia
and by Antinous and all the love on earth
I swear I saw light turn to stone.

LISBON

This fog upon the city, the river,
seagulls of another day, boats, people
in a rush or with all the time in the world,
this fog where the light of Lisbon begins,
rose and lemon upon the Tagus, the light of water,
I wish for nothing else as I climb from street to street.

MEDITERRANEAN

As in the Whitman poem, a little boy
came up to me and asked: What is the grass?
Between his look and mine the air ached.
In the shade of other afternoons I spoke to him
of bees and thistles close to the ground.

CASA NA CHUVA

A chuva, outra vez a chuva sobre as oliveiras.
Não sei por que voltou esta tarde
se minha mãe já se foi embora,
já não vem à varanda para a ver cair,
já não levanta os olhos da costura
para perguntar: Ouves?
Ouço, mãe, é outra vez a chuva,
a chuva sobre o teu rosto.

PAESTUM COM LUA NOVA

No céu de Paestum
as colunas
sobem à altura
rigorosa
da lua nova e da alma.
À música deserta
e rouca das cigarras.
Ao aroma inesperado
de uma rosa.

CACELA

Está desse lado do verão
onde manhã cedo
passam barcos, cercada pela cal.

Das dunas desertas tem a perfeição,
dos pombos o rumor,
da luz a difícil transparência
e o rigor.

HOUSE IN THE RAIN

Rain, once again the rain upon the olive trees.
I do not know why it has returned this afternoon
since my mother has already gone away,
no longer comes out on the balcony to watch it fall,
no longer lifts her eyes from sewing
to ask: Do you hear it?
I hear it, mother, once again the rain,
the rain upon your face.

PAESTUM, WITH NEW MOON

In the sky of Paestum
columns
rise to the
pitiless height
of the new moon and the soul.
To the hoarse, abandoned
music of the cicadas.
To the unexpected fragrance
of a rose.

CACELA

It's on the side of summer
where in the early morning
boats pass by, surrounded by whitewashed walls.

It has the perfection of deserted dunes,
the murmur of pigeons,
the difficult transparency of light
and all its rigor.

NO AEROPORTO DE NOVA IORQUE

Olha-me rapidamente num convite
que não aceito, a promessa de prazer
cai então em olhos menos fatigados,
mas por instantes pude surpreender
um campo matinal de trevos orvalhados.

AT THE AIRPORT IN NEW YORK

A quick glance, an invitation
I did not accept, the promise of pleasure
now would fall to less exhausted eyes,
but for a moment I had caught a glimpse
of a morning field of clover covered in dew.

HOMENAGENS E OUTROS EPITÁFIOS

HOMAGES AND OTHER EPITAPHS
(1974)

A CAVAFY, NOS DIAS DISTANTES DE 1903

Nenhum tão solitário mesmo quando
acordava com os olhos do amigo nos seus olhos
como este grego que nos versos se atrevia
a falar do que tanto se calava
ou só obliquamente referia—
nenhum tão solitário e tão atento
ao rumor do desejo e das ruas de Alexandria.

1964

ELEGIA DAS ÁGUAS NEGRAS PARA CHE GUEVARA

Atado ao silêncio, o coração ainda
pesado de amor, jazes de perfil,
escutando, por assim dizer, as águas
negras da nossa aflição.

Pálidas vozes procuram-te na bruma;
de prado em prado procuram
um potro, a palmeira mais alta
sobre o lago, um barco talvez
ou o mel entornado da nossa alegria.

Olhos apertados pelo medo
aguardam na noite o sol onde cresces,
onde te confundes com os ramos
de sangue do verão ou o rumor
dos pés brancos da chuva nas areias.

A palavra, como tu dizias, chega
húmida dos bosques: temos que semeá-la;
chega húmida da terra: temos que defendê-la;
chega com as andorinhas
que a beberam sílaba a sílaba na tua boca.

TO KAVAFY, IN THE DISTANT DAYS OF 1903

No one as alone, even when
awakening with a friend's eyes on his own,
as this Greek who dared to say in verse
what had so long been silenced
or only mentioned slantwise—
no one so alone and so attentive
to the murmur of desire and the streets of Alexandria.

1964

ELEGY OF DARK WATERS FOR CHE GUEVARA

Tied to silence, your heart still
heavy with love, you lie in profile,
listening, so to speak, to the dark
waters of our affliction.

Pale voices seek you in the mists;
from meadow to meadow they search for
a colt, the tallest palm tree
above the lake, a boat perhaps
or the spilled honey of our joy.

Eyes squeezed shut with fear wait
in the night for the sun where you are growing,
where you merge with the branches
of summer's blood or the murmur
of the rain's white feet on the sand.

The word, as you once said, comes
moist from the woods: we must plant it;
it comes moist from the earth: we must save it,
it comes with the swallows
who drank it syllable by syllable from your mouth.

Cada palavra tua é um homem de pé,
cada palavra tua faz do orvalho uma faca,
faz do ódio um vinho inocente
para bebermos, contigo
no coração em redor do fogo.

1971

F.P.

De rosto em rosto a ti mesmo procuras
e só encontras a noite por onde entraste
finalmente nu—a loucura acesa e fria
iluminando o nada que tanto procuraste.

5-4-78

À MEMÓRIA DE RUY BELO

Provavelmente já te encontrarás à vontade
entre os anjos e, com esse sorriso onde a infância
tomava sempre o combóio para as férias grandes,
já terás feito amigos, sem saudades dos dias
onde passaste quase anónimo e leve
como o vento da praia e a rapariga de Cambridge,
que não deu por ti, ou se deu era de Vila do Conde.
A morte como a sede sempre te foi próxima,
sempre a vi a teu lado, em cada encontro nosso
ela aí estava, um pouco distraída, é certo,
mas estava, como estava o mar e a alegria
ou a chuva nos versos da tua juventude.

Each of your words is a man on his feet,
each of your words turns dew into a blade,
turns hatred to an innocent wine
that we may drink, with you
in our heart, gathered round the fire.

1971

F.P.*

From face to face your search is for yourself
and all you find is night to which you're brought
naked at last—an icy flame, madness,
lights up the nothing you had so long sought.

April 5, 1978

*These initials stand for Fernando Pessoa (1888–1935), generally considered Portugal's great-
est modern poet. His heteronyms, writers whom he invented and endowed with varying his-
tories, personalities, and literary styles, include Álvaro de Campos, Alberto Caeiro, Ricardo
Reis, and Bernardo Soares.

TO THE MEMORY OF RUY BELO

Probably you're already at ease
among the angels, and, with that smile where childhood
is always taking the train for the summer vacation,
you must have already made friends, without regrets for the days
through which you passed almost anonymous and light
like the wind on the beach and the girl from Cambridge,
who didn't notice you, or if she did, she was from Vila do Conde.*
Death, like thirst, was always near you,
I always saw her by your side, whenever we met
there she was, a bit distracted, it's true,
but always there, as were the sea and joy
and rain in the verses of your youth.

Só não esperava tão cêdo vê-la assim, na quarta
página de um jornal trazido pelo vento,
nesse agosto de Caldelas, no calor do meio-dia,
jornal onde em primeira página também vinha
a promoção de um militar a general,
ou talvez dois, ou três, ou quatro, já não sei:
isto de militares custa a distingui-los,
feitos em forma como os galos de Barcelos,
igualmente bravos, igualmente inúteis,
passeando de cu melancólico pelas ruas
a saudade e a sífilis do império,
e tão inimigos todos daquela festa
que em ti, em mim, e nas dunas principia.

Consola-me ao menos a ideia de te haverem
deixado em paz na morte; ninguém na assembleia
da república fingiu que te lera os versos,
ninguém cheio de piedade por si próprio,
propôs funerais nacionais ou, a título póstumo,
te quis fazer visconde, cavaleiro, comendador,
qualquer coisa assim para estrumar os campos.
Eles não deram por ti, e a culpa é tua,
foste sempre discreto (até mesmo na morte),
não mandaste à merda o país, nem nenhum ministro,
não chateaste ninguém, nem sequer a tua lavadeira,
e foste a enterrar numa aldeia que não sei
onde fica, mas seja onde for será a tua.

Agrada-me que tudo assim fosse, e agora
que começaste a fazer corpo com a terra
a única evidência é crescer para o sol.

1978

128

I just didn't expect to see it like that, so soon, on the fourth
page of a newspaper carried by the wind
in this August at Caldelas,** in the midday heat,
a newspaper whose first page also brought
the promotion of an officer to general,
or perhaps two or three or four of them, I can't remember:
this business of soldiers, it's hard to tell them apart,
all cast in the same mold like the roosters of Barcelos, ***
equally brave, equally useless,
walking the nostalgia and the syphilis of an empire
through the streets, with melancholic asses,
and so at enmity, all of them, with that celebration
that stirs awake in you, in me, and on the dunes.

I am consoled at least by the thought that they will
leave you in peace in death; no one in the national assembly
pretended to have read your poems,
no one, brimming with self-pity,
proposed national funerals or a posthumous title,
wanted to make you a viscount, knight, order-of-the-garter,
something of that sort for manuring the fields.
They didn't notice you, and the fault is yours,
you were always discreet (even in death),
didn't tell the country or any cabinet minister to go to hell,
didn't rub anyone the wrong way, not even your laundry woman,
and you were laid to rest in a village whose whereabouts
I do not know, but wherever it may be, now it is yours.

I'm glad it was like that, and now
that you've begun to form a body with the earth
the only certainty is growing toward the sun.

1978

---

* Seashore town in the north of Portugal.
** Well-known health spa in the north of Portugal.
*** Town famous for mass-produced ceramic roosters, emblems of Portugal.

SOBRE UM VERSO DE MARINA TSVETÁIEVA

Todos os poetas são judeus,
todos marcados
por uma estrela negra,
quer seja rosa ou amarela.
Todos caminham para o sul
fatigados, não da luz
crua das dunas: do peso
morto dessa estrela.

Praga, 1983

AO MIGUEL, NO SEU 4º ANIVERSÁRIO, E CONTRA O NUCLEAR, NATURALMENTE

Vais crescendo, meu filho, com a difícil
luz do mundo. Não foi um paraíso,
que não é medida humana, o que para ti
sonhei. Só quis que a terra fosse limpa,
nela pudesses respirar desperto
e aprender que todo o homem, todo,
tem direito a sê-lo inteiramente
até ao fim. Terra de sol maduro,
redonda terra de cavalos e maçãs,
terra generosa, agora atormentada
no próprio coração; terra onde teu pai
e tua mãe amaram para que fosses
o pulsar da vida, tornada inferno
vivo onde nos vão encurralando
o medo, a ambição, a estupidez,
se não for demência apenas a razão;
terra inocente, terra atraiçoada,
em que nem sequer é já possível
pousar num rio os olhos de alegria,
e partilhar o pão, ou a palavra;

UPON A VERSE BY MARINA TSVETAEVA

All poets are Jews,
all marked
with a black star,
whether it be pink or yellow.
All march toward the south
exhausted, not from the raw
light of dunes: but from the dead
weight of that star.

Prague, 1983

FOR MIGUEL, ON HIS 4TH BIRTHDAY, AND, QUITE NATURALLY, ANTI-NUCLEAR

You are growing, my son, with the difficult
light of the world. It wasn't paradise,
beyond all human measure, that I
dreamed for you. I only wished the earth clean,
that you might breathe awakened
and learn that all men, all,
have the right to be complete, intact,
to the very end. Earth of a ripe sun,
round earth of horses and apples,
bounteous earth, tortured now
in its own heart; earth where your father
and your mother loved so that you could be
a throbbing pulse of life, turned into
a living hell, where fear, ambition, and
stupidity have boxed us in,
if madness alone is not the explanation;
innocent earth, earth betrayed,
where one can no longer
settle eyes of joy upon a river,
and share our daily bread, and share the word;

terra onde o ódio a tanta e tão vil
besta fardada é tudo o que nos resta,
abutres e chacais que do saber fizeram
comércio tão contrário à natureza
que só crimes e crimes e crimes pariam.
Que faremos nós, filho, para que a vida
seja mais que cegueira e cobardia?

11-3-84

EM MEMÓRIA DE CHICO MENDES

Chegam notícias do Brasil, o Chico
Mendes foi assassinado, a morte
enrola-se agora nos primeiros frios,
nem sequer a tristeza tem sentido,
a bola continua em órbita, um dia
estoira, o universo ficará mais limpo.

3-1-89

earth where the hatred of so many filthy
beasts in uniform is all that we have left,
or of those jackals who with cunning carry on
a commerce so far removed from nature
that only crimes and crimes and crimes are whelped.
What shall we do, my son, that life
be more than blind, than craven cowardice?

March 11, 1984

IN MEMORY OF CHICO MENDES*

News comes from Brazil, Chico
Mendes has been killed, his death
wraps itself now in the first frosts,
even sorrow makes no sense,
the ball continues circling in orbit, one day
it will explode, the universe will then be cleaner.

January 3, 1989

* Chico Mendes: born December 15, 1944, murdered December 22, 1988. Charismatic
Brazilian organizer of Sustainable Rain Forest Campaign, leader of local rubber tappers,
killed by powerful Amazonian ranchers due to his opposition to rain forest destruction.

LIMIAR DOS PÁSSAROS

THRESHOLD OF BIRDS
(1976)

LIMIAR DOS PÁSSAROS

Ainda esta poeira sobre o coração
queria que chovesse sobre os ulmeiros
sair limpo desses olhos
da luz que se demora a polir os seixos

A corrosiva música das vogais que te devora
o silêncio do muro
às vezes quase azul
o verão afinal onde o ar é mais duro

Acordarás com as primeiras chuvas
a floração do trevo doía
o olhar sempre negado
aos cães da morte sempre prometido

Estende-te aqui
perto do oiro branco das cigarras
já tenho ouvido chegar o verão
a sua frágil quilha em águas quase mortas

A clara desordem dos cabelos
(dos cavalos não é ainda tempo)
a fundura da pupila
os lábios por dentro finalmente acesos

Tudo o mais te direi sobre o teu peito
à superfície uma poeira fresca
como quem escuta sobre a erva
as nascentes do fogo

Sem mácula não há luz sobre os joelhos
é um corpo de amor este que temos
até ao chão
da água mais exígua

THRESHOLD OF BIRDS

Still this dust upon my heart
I wish it would rain upon the elms
and I come clean from these eyes
from the light that lingers polishing pebbles

The corrosive music of vowels that devours you
the silence of the wall
at times almost blue
the summer now where the air is unsparing

You will awake with the first rains
the blossoming of clover hurts
the gaze always denied
to the hounds of death always promised

Stretch out here
close to the whitened gold of the cicadas
I have already heard the summer come
its fragile hull in waters almost dead

The bright disorder of hair
(the time for horses has yet to come)
the deepness of the pupil
the lips at last aflame within

What else there is I'll tell you on your breast
upon its surface freshly gathered dust
like one who listens on the grass
to a fountainhead of fire

Without a stain there is no light upon our knees
it is a body of love this one we have
to the very bottom
of the thinnest waters

Amar a boca fatigada do corpo
ou outra ainda mais estéril
entrar
onde o silêncio desce às fontes

Morrer e não morrer sobre os teus rins
uma árvore de pássaros ardia
era verão escuta os seus cavalos
à roda da cintura

O cálido esperma das palavras
no interior do cabelo derramado
um sol de palha fresca a boca
de que rio regressa?

Desta cal de homem rompe a lua
de sol extenuada
ergue-se de gume em gume e cai
no espelho a prumo das espadas

Falar dizer de outra maneira
as labiais bebidas corpo a corpo
deambular pelas pernas pela boca
abandonar-me entre as pedras à poeira

Onde fluvial a meio da noite
cresce a pedra
branca dos álamos
as crianças dormem com os pássaros

Um corpo ao crepúsculo lido pelo vento
chama-se música
esta queda no escuro
rente ao murmúrio

Dizer como um rosto se extingue sem cessar
que farei deste nome que me sobra?

To love the tired mouth of the body
or another even more sterile
to enter
where silence descends to the source

To die and not to die upon your loins
a tree of birds was burning
it was summer listen to its horses
around your waist

Hot sperm of words
spilled within entangled hair
a sun of fresh straw that mouth
from what river does it return?

From this human white lime bursts
a moon exhausted by the sun
it lifts itself from sharpened edge to edge and falls
upon an upright mirroring of swords

To speak to say in some quite other way
those labials imbibed with flesh to flesh
to wander about the legs about the mouth
to give myself among the stones to dust

Where fluvial in the middle of the night
the white stone
of poplars grows
children are sleeping with the birds

A body at twilight read by the wind
this music
this falling into darkness
close to a murmured sound

To tell how a face inexorably expires
what will I do with this leftover name?

Eu tinha duas mãos que te queriam
grandes olhos de pássaro fulminado

Como dizer que vai morrendo
sobre pedras sem nome
la prima voce che passò volando
distante já da nossa idade?

Ninguém sabia de onde vinha
atravessara a noite do olhar
e o medo e o êxtase das espadas
o amor que é sempre argila branca

"Tudo isso foi há muito tempo"
De que tempo estamos a falar?
Que tempo é o dos lábios que não acabam
o nome começado a murmurar?

Escuta
a frágil claridade que deixa a música
ao arder nas dunas
eu era dessa areia a luz precária

As crianças estão deitadas no outono
o sorriso é animal e miúdo
crescem não há dúvida entre os juncos
altos e devagar

Não chegarás nunca a dizer
como brilham lentas as maçãs
os gatos se demoram nos joelhos
sem liberdade crescem as crianças

Esta noite iremos pela tarde
até às dunas

I used to have two hands that wanted you
the wide eyes of a thunderstruck bird

How to say that it is slowly dying
on nameless stones
*la prima voce che passò volando**
by now far distant from our age?

No one knew from where it came
it had crossed the nighttime of a gaze
and the fear and ecstasy of swords
love that is always of whitest clay

"All that was long ago"
Of what time are we speaking now?
What time that time of lips that never finish
murmuring the name they have begun?

Listen
to the fragile clarity that leaves music
burning in the dunes
I used to be that sand's precarious light

The children are lying in autumn
their smile tiny sharp and animal
they grow no doubt among
the tallest reeds deliberate

You will never come to tell
how apples slowly glisten
how cats linger on one's knees
how children grow up without freedom

Tonight we'll go along the afternoon
to the dunes

* From Dante's *Purgatorio*, Canto 13, line 28: "the first voice passing in its flight."

vai chover talvez a terra fique limpa
escreverei como as crianças brilham

Dessas crianças eu só queria
saber como ardiam nas suas camas
eu só queria os dentes da alegria
dos seus olhos amava o ardor

"Tudo isto é muito antigo"
Abandona a placenta o calor do estábulo
não vires a cabeça limpa os olhos
"O sangue alastra"

Ninguém saberá que estiveste só onde esteve
o incestuoso coração da água
menos real que confundido
com o pulsar de oiro de uma abelha

Cobrir-me com o lenço branco do teu rosto
demasiado jovem para a morte
o sorriso
quente ainda e tão fresco o linho

Queria ainda perguntar-te (não não pelo clamor
de justiça eu sei que não termina)
pela cor da noite nos teus olhos
o sabor da terra sílaba a sílaba

"Este mar foi já terra de trigo»
Sobre as horas tardias ninguém te escuta
a boca minuciosa fatigava
"Em Tebas" dizes ainda "o sol escurecia"

Coisas assim resíduos restos
partículas de música do silêncio destroços
fragmentos de paixão excrementos
brilham onde me perco

it's going to rain perhaps the earth will now turn clean
I will write the way the children gleam

Of these children I only wanted
to know how they burned in their beds
I only wanted their teeth of joy
I loved the ardor of their eyes

"All this is an old story"
Abandon the placenta the warmth of the stable
don't turn your head clear your eyes
"blood spreads"

No one will know that you were alone where
the incestuous heart of water was
less real than confused
with the golden pulsing of a bee

I want to cover myself with the white handkerchief
of your face too young for death
that smile
warm still and the linen so fresh

I'd like to ask you still (no not about the clamor
for justice I know that will not end)
about the color of the night in your eyes
about the taste of the earth syllable by syllable

"This sea was once a land of wheat"
No one listens to you now it is so late
the meticulous mouth has worn us out
"In Thebes" you go on saying "the sun was growing dark"

Things like these leavings remains
scraps of music flotsam of silence
fragments of passion excrement
glisten here where I lose myself

Choveu hoje muito sobre a minha infância
as sílabas tropeçam no escuro
assim o trigo
cresce sobre o rosto de minha mãe

Ocorre-me às vezes repartir os lábios
o inverno oh meu amigo
o fogo inseparável das colinas
vai morrer devagar e deserto

Novembro cresce intolerável
contra natura é isto um muro
arranca os olhos não deixes os cães
morrer à fome.

"Há tanto morrer junto às muralhas"
Que esforço tão inútil o do homem
para ser anel de sol orvalho vivo
"Tanto morrer"

Falar falar como a criança que
na noite se masturba onde me leva?
Que palavras me conduzem pela mão
ao limiar da pedra?

Esse sangue como tu não tem nome
cresce ainda vacilante no escuro
cresce para a poeira
vê-se bem por fim que

Porto, 13.5 / 12.6.1973

There was a heavy rain today upon my childhood
syllables stumble in the dark
that is how the wheat
grows high above my mother's face

It occurs to me at times to portion out my lips
the winter oh my friend
the fire inseparable from the hills
will die slowly and abandoned

November grows it is unbearable
what goes against nature is a wall
tear out your eyes don't leave the dogs
to die of hunger

"So much dying along these walls"
What a useless effort that of man
to be a ring of sun of living dew
"So much dying"

To speak to speak like the child who
masturbates in the night where can it bring me?
What words can lead me by the hand
to the threshold of a stone?

That blood like you has no name
it grows still vacillating in the dark
it's growing toward the dust
one clearly sees at last that . . .

Porto, 13.5 / 12.6.1973

Esta noite preciso de outro verão sobre a boca crescendo nem que seja de rastos.

Tinha então a idade do olhar, a loucura do corpo havia começado junto às ruínas, com a luz das candeias longínquas prosseguia, entre animais fulvos crescia com as primeiras chuvas no avesso da noite.

Falo de um verão sobre o corpo, um ácido gravando na pele a minuciosa flor do centeio.
E havia ainda outra música, porque a loucura e o sopro das estrelas equivaliam-se.
De ti para mim germinavam as águas.

Eu começara a ganhar raízes pelas barreiras. Ia aprendendo a conhecer os répteis pelo rumor. Quando o sol apertava, uma cobra azul, não, verde, não, azul, aproximava-se, os olhos cor de basalto. Ficava por ali a olhar-me, eu a olhá-la. Fascinados. Um dia não sei que me deu, corri atrás dela, entrou num buraco de silvas, ainda lhe acertei com a pedra, por momentos a cauda agitou-se crispada em convulsões, depois desapareceu, talvez lhe tivesse quebrado a espinha, nunca mais a vi. Era azul. Verde. Um braço de sol.

Nunca ninguém me chamara de tão longe. Fui seguindo os excrementos das aves até avistar o litoral. No espaço lacerado de uns lábios comecei a respirar devagarinho como respira a cal perto da água. Em qualquer parte o ar fendia—assim o corpo.

Foi então que um rei morto no exílio deu à costa. Dizia-se que lhe haviam cuidadosamente subtraído os testículos. Antes ou depois de ter morrido, não se sabia. De qualquer modo, o caso, por desusado entre nós, era comentadíssimo. Para que servirão tais melindres fora do seu sítio natural? Há quem faça com eles

This night I need another summer on my mouth, gathering, even at a crawl.

Back then I was at the age of gazing, the madness of the body had begun next to the ruins, then continued with the light of distant oil lamps, growing amongst tawny animals with the first rains on the far side of the night.

I am speaking of a summer on the body, an acid etching into my skin the intricate blossom of rye.
And there was still another music, for madness and the breathing of the stars were all the same.
From you to me germinated waters.

I had begun to send roots into the rising ground. I was learning to recognize reptiles by their sound. When the sun began to beat down, a blue, no green, no blue, snake crawled toward me, its eyes the color of basalt. It stayed there watching me, I watching it. Fascinated. One day, I don't know what got into me, I ran after it, it slipped into an opening in the brambles, I still managed to hit it with a stone, for a few seconds the tail writhed, quivering in convulsions, then it disappeared, maybe I had broken its back. I never saw it again. It was blue. Green. An arm of the sun.

No one had ever called me from so far. I was following the droppings of birds until I caught sight of the coast. In the lacerated space of some lips, I began slowly to breathe, the way whitewashed walls breathe close to the water. Somewhere the air split open—so, too, my body.

It was then that a king who died in exile washed up on the shore. It was said that his testicles had been carefully removed, before or after his death, no one knew. In any case, the affair, being uncommon for us, was much discussed. What purpose could those tender frailties serve removed from their natural posi-

um prato raro, dizia-se. Um manjar de príncipes, acrescentava-se. Curioso, serem os filhos a devorar os venerandos testículos dos pais. Esperemos que isto não seja mais um escandaloso privilégio da burguesia.

Nada sabia de marés, com algumas partias, com outras regressavas. Um dia, já há muito, deixei de te ver. Disseram-me que morreste, e que foste meu pai. É capaz de ser verdade, e ultimamente tenho imaginado como terias morrido. Espero que tenha sido sobre os teus olhos, que foram muito belos, que a morte haja começado com rigor o seu ofício. Era neles que incidia o meu desejo. Quando penso em ti, vejo-te de órbitas vazias, um sangue escuro invadindo-te a boca. Apodreces. Apodreces como toda a gente, só um pouco mais de lado, porque a morte deve ter prosseguido o seu trabalho sobre o coração. Que procurava ela quando o levou à boca? Está agora sobre o centro do teu ser, aí refocila voluptuosamente, crava os dentes até arrancar os teus mais viris ornamentos, e cuspir-tos na cara. Foi pena que já não pudesses ouvir as suas gargalhadas ao longo do corredor.

Onde me espera.

Há dias, há noites em que as águas se movem lentas na minha memória. Movem-se? Daqui as vejo imóveis, com esse peso do verão sobre o corpo. Ninguém dirá que respiram, que não estão mortas, talvez corrompidas, pelo menos sufocadas pelas últimas poeiras, as mais cruéis. Contemplo-as, tão caladas na sua clausura—estremecidas águas! E tão expectantes; não à superfície, nas entranhas, nas suas raízes mais fundas, onde uma espécie de murmúrio se articula, modula na sombra, umas sílabas prenhes de silêncio se desprendem, rebentam à tona, ténues bolhas de ar, menos que suspiros ainda. Como esquecê-las?

tion? There are some who make a special dish of them, they said. A feast for a prince, they went on. Interesting, if sons are now devouring venerable paternal testicles. Let's hope this doesn't turn out to be yet another scandalous privilege of the bourgeoisie.

I knew nothing of tides, with some you left, with some returned. One day, years ago, I no longer saw you. They told me you had died and that you had been my father. It could have been true, and recently I have been imagining how you might have died. I hope that it was upon your eyes, which were very beautiful, that death began with rigor its offices. It was on them that my desire fixed. When I think of you, I see you with empty sockets, dark blood filling your mouth. You rot. You rot like everyone else, just a bit more on the side, for death must have advanced with its work on your heart. What was she looking for when she lifted it to her mouth? Now she is over the center of your being, there she roots and wallows voluptuously, sinking in her teeth until she tears out your most virile ornaments and spits them in your face. What a pity you couldn't hear her roars of laughter down the corridor.

Where she now waits for me.

There are days, there are nights, during which the waters move slowly through my memory. Move? From here I see them motionless, with that weight of summer upon my body. No one would say that they are breathing, that they are not dead, perhaps decaying, at least suffocated by the last particles of dust, the most cruel. I ponder, watching them, so silent in their seclusion—precious waters! And so expectant, not on the surface, but in their bowels, in their deepest roots, where a kind of murmur takes shape, modulates in the shadows, a few syllables heavy with silence let go, burst to the surface, tenuous bubbles of air, less even than a breath. How can I forget them?

Hão-de passar as cabras o outono
sobre as falésias noutras dunas
entre os juncos os olhos do pastor hão-de passar
em profusão as aves quase de vidro
as próprias águas.

*

Há um bosque casualmente nesta mão
há um homem neste poema e envelhece.

*

Sinais oh também elas querem deixar
nas intrincadas veredas do verão
também elas querem deixar sinais, as cabras—
exactamente como eu, sinais,
três ou quatro frases ao esterco semelhantes.

*

Amanhã saberei em que regaço
as palavras se dispõem a dormir.

*

Ver chegar o dia mesmo que fosse a noite
era bom tão cedo ver a terra limpa
os pombos bravos o peito cor de vinho
o cheiro doce dos figos o brilho duro
da cal trazido pelo vento o marinheiro.

*

Quisera que morressem essas vozes
esse vento lavrando os campos do olhar
que morressem
os sulcos abertos lábio a lábio.

*

Goats will pass by and autumn
upon the cliffs toward other dunes
among the reeds the shepherd's eyes
in profusion birds almost of glass
the very waters will pass by.

*

There is a forest as it happens in this hand
there is a man in this poem and he is growing old.

*

Signs, they also want to leave
in the intermingling byways of summer
they also want to leave their signs, the goats—
just like me, signs,
three or four phrases, not unlike their droppings.

*

Tomorrow I will know in what lap
my words are settling themselves for sleep.

*

To watch the day arrive even if it still is night
it would be good to see so soon the clean earth
wild pigeons a wine-dark breast
the sweet smell of figs the hard gleam
of whiteness brought by the wind, that sailor.

*

How I wish that all those voices might be dead
that wind plowing the fields of a gaze
dead
those open furrows lip to lip.

*

As imprecações haviam-no despido
tem a cabeça inclinada sobre o rio
a sombra desatada
os lábios hábeis para o silêncio
onde o sangue onde a noite onde o frio . . .

Imprecations have stripped him bare
his head is bent above the river
his shadow disengaged
his lips skillful at silence
where blood where night where cold . . .

MEMÓRIA DOUTRO RIO

MEMORY OF ANOTHER RIVER

(1978)

AS CABRAS

Por toda a parte onde a terra for pobre e alta, elas aí estão, as cabras—negras, muito femininas nos seus saltos miúdos, de pedra em pedra. Gosto destas desavergonhadas desde pequeno. Tive uma que me deu meu avô, e ele próprio me ensinou a servir-me, quando tivesse fome, daqueles odres fartos, mornos, onde as mãos se demoravam vagarosas antes de a boca se aproximar para que o leite se não perdesse pelo rosto, pelo pescoço, pelo peito até, o que às vezes acontecia, quem sabe se de propósito, o pensamento na vulvazinha cheirosa. Chamava-se Maltesa, foi o meu cavalo, e não sei se a minha primeira mulher.

MEMÓRIA DOUTRO RIO

São muito vastas as noites de insónia, quase sempre atravessadas por um rio. Quando não chove, confusamente dispo-me atrás dos amieiros e abandono-me à corrente. Sigo para o sul, que é para onde correm todos os rios, pelo menos os meus.

Um dia, numa língua de areia, avistei dois corpos que se penetravam exasperados. Fiquei aterrado: primeiro pensei que ele a estava a matar, a seguir, que ambos estivessem a morrer, só depois percebi o que se passava, e o meu próprio corpo se exasperou. Quando acabaram, a mulher chorava e o homem quase lhe mijava em cima. Afastaram-se cada um para seu lado, sem trocarem palavra.

Contei o que vira a um pastor que encontrei mais abaixo. Pouco mais velho era do que eu, mas mostrou-me como o prazer não tem forçosamente que ver com a culpa. Quem não sabe que os corpos também podem ser conjunção de águas felizes?

OS NOMES

Tua mãe dava-te nomes pequenos, como se a maré os trouxesse com os caramujos. Ela queria chamar-te afluente-de-junho,

THE GOATS

Wherever the earth is rugged and poor, there they are, the goats—black and highly feminine in their tiny leaps from rock to rock. I have loved these shameless creatures since childhood. My grandfather once gave me one, and he personally taught me how to help myself, when I was hungry, from those bulging warm wineskins, where my hands would rest idle for a time before my mouth came close so milk would not be lost on face, neck, even chest, as sometimes happened, who knows if on purpose, my mind on the fragrant little vulva. Her name was Maltesa, she was my horse, and perhaps my first woman, as well.

MEMORY OF ANOTHER RIVER

Sleepless nights are vast and almost always crossed by a river. When it isn't raining, blindly I undress behind the alder trees and surrender to the current. I head south, where all rivers flow, at least those that are mine.

One day, on a spit of land, I saw two bodies plunging frantically into each other. I was terrified: at first I thought that he was killing her, then that both were dying, only later did I realize what was happening, and then my own body grew frantic. Whey they were finished, the woman cried and the man pissed almost on top of her. They went off in separate directions, without exchanging a word.

I recounted what I had seen to a shepherd whom I met further on. He was just a bit older than I, but he showed me how pleasure need have nothing to do with guilt. Who doesn't know that bodies can also be the flowing together of happy waters?

NAMES

Your mother gave you little names, as if the tide brought them with the periwinkles. She would have liked to call you tributary-of-June,

púrpura-onde-a-noite-se-lava, branca-vertente-do-trigo, tudo isto apenas numa sílaba. Só ela sabia como se arranjava para o conseguir, meu-baiozinho-de-prata-para-pôr-ao-peito. Assim te queria. Eu, às vezes.

WALT WHITMAN E OS PÁSSAROS

Ao acordar lembrei-me de Peter Doyle. Deviam ser seis horas, na austrália em frente um pássaro cantava. Não vou jurar que cantasse em inglês, só os pássaros de Virgínia Woolf têm privilégios assim, mas o júbilo do meu pisco trouxe-me à memória a cotovia dos prados americanos e o rosto friorento do jovem irlandês, que naquele inverno Walt Whitman amou, sentado ao fundo da taberna, esfregando as mãos, junto ao calor do fogão.

Abri a janela, na escassa claridade que se aproximava procurei, em vão, a delícia sem mácula que me despertara. Mas de repente, uma, duas, três vezes, ouviram-se uns trinadinhos molhados, a indicar-me um sopro de penas que mal se distinguia da folhagem. Então, invocando antiquíssimas metáforas do canto, peguei no livro venerando que tinha à mão e, de estrofe em estrofe, fui abrindo as represas às águas do ser, como quem se prepara para voar.

AS CRIANÇAS

Elas crescem em segredo, as crianças. Escondem-se no mais oculto da casa para serem gato bravio, bétula branca.

Chega um dia em que estás descuidado a olhar o rebanho que regressa com a poeira da tarde, e uma delas, a mais bonita, aproxima-se em bicos de pés, diz-te ao ouvido que te ama, que te espera sobre o feno.

A tremer, vais buscar a caçadeira, e passas o resto da tarde a atirar sobre as gralhas, inumeráveis, àquela hora.

purple-where-the-night-washes-itself, white-slope-of-wheat, all this in just a single syllable. Only she knew how to make it all work out, my-little-silvery-bay-pony-to-hang-upon-one's-breast. That's how you were loved. Sometimes by me.

WALT WHITMAN AND THE BIRDS

On waking up, I remembered Peter Doyle. It must have been six o'clock, and in the mimosa tree across the way a bird was singing. I won't swear it was singing in English, only Virginia Woolf's birds have such privileges, but the jubilation of my bullfinch led me to remember the skylark of American meadows and the chilled face of the young Irishman whom Walt Whitman loved that winter, seated at the back of the tavern, rubbing his hands, close to the heat of the stove.

I opened the window and, in the first thin light that was approaching, searched in vain for the spotless joy that had awakened me. But suddenly, one, two, three moist trills sounded, leading me to a puff of feathers one could scarcely tell from the leaves. Then, invoking ancient metaphors of song, I turned to the venerated book in my hand and, stanza by stanza, opened the floodgates to the waters of being, like one who prepares himself for flight.

CHILDREN

They grow in secret, children. They hide in the darkest corners of the house to be a wild cat, a white birch.

A day comes when you are carelessly watching the flock as it returns with the afternoon dust, and one of them, the most beautiful, approaches on tiptoes, whispers in your ear "I love you, I'll be waiting in the hay."

Trembling, you go to get the shotgun, and spend the rest of the afternoon shooting at jackdaws, endless at that time of day.

DE PASSAGEM

Os Dioscuros. Eu vi-os, numa praça de Roma, era de noite,
levavam os cavalos pela mão. O seu olhar era oblíquo à passagem
das raparigas, mas era um para o outro que sorriam.

HOMENAGEM A RIMBAUD

Ergueram-se na manhã, tinham costumes que nos são
estrangeiros, a que não faltava orgulho. Era gente de poucos
haveres mas também de poucas necessidades, e quanto a sabedo-
ria, nenhum valor atribuíam à quase nenhuma que tinham.
Alguém os comparou ao fogo dos cardos; quem assim falava talvez
lhes conhecesse o ardor, mas não sabia certamente da sua imensa
doçura. Tinham certas incompatibilidades, não serei eu a negá-lo,
e odiavam esse comércio da alma que sempre prosperou entre as
pernas. A mim não me são indiferentes; sobretudo por aquela sua
obstinação em multiplicar sobre o corpo os lugares de amor.

ESCRITO NO MURO

Lembro-me, eram todos muito jovens, eu já o não era tanto,
mas isso não impedia que, no branco extenuado dos mesmos
muros, as minhas palavras encontrassem nas mãos dos meus ami-
gos o natural contraponto, nesse desejo insensato de fazermos do
olhar um bem comum.

Naquela primavera, entre lúcida e ácida, tínhamos na noite
o rio onde mergulhávamos inteiros, e as árvores que alguns de
nós, com amorosa paciência, haviam pintado nas paredes, iam-se
enchendo de pássaros.

Uma manhã ouvi-os cantar muito cedo da minha varanda,
enquanto a terra ia despertando para uma luz de vidro frágil, tão
próxima da loucura, que eu acordei os meus amigos para lhes
anunciar que a eternidade morava naquela claridade atravessada
de pássaros.

IN PASSING

The Dioscuri. I saw them, in a square in Rome, it was at night, they were leading horses by their reins. They cast a sidelong look at young girls passing by, but it was to one another that they smiled.

HOMAGE TO RIMBAUD

They arose in the morning, they had customs that are strange to us, but of which they were proud. They were people of few means but also of few needs, and as for wisdom, they attributed no value to the little bit they had. Someone compared them to the fire of thistles; whoever that was, he was familiar, perhaps, with their intensity, but surely knew nothing of their immense sweetness. They had their differences, I could hardly deny it, and they hated that commerce of the soul that always prospers between the legs. As for me, I am not untouched by them and their tenacity in multiplying upon the body places for love.

WRITING ON THE WALL

I remember, they all were very young, I no longer so, but that didn't keep my words, on the worn-out white of the same walls, from finding a natural counterpoint in the hands of my friends, in that foolish desire to make of our gaze a common good for us all.

That spring, part lucid, part acid, we had in the night the river where we dove deep; and the trees, which some of us, with loving patience, had painted on the walls, were filling up with birds.

One morning I heard them singing very early from my veranda, while the earth was wakening to a light of fragile glass so close to madness that I roused my friends to announce that eternity dwelt in that clarity traversed by birds.

161

Daquele rio a meus pés estava dito que eu não conheceria senão a margem onde nenhum barco se demora. Mas era ali que a flor quente do pampilho nos dava por cima do joelho e vinha até à água. Às vezes havia vento.

RETRATO DE MULHER

Sobre o seu rosto não fora só o tempo que passara, também as cabras ali pisaram fundo. Era difícil, era impossível distingui-la da própria terra: velha, seca, esboroando-se à passagem do vento. Portuguesa, de tão pobre.

ANIMAL DE PALAVRAS

Ele procurava palavras, as mãos tacteando na noite, ávidas ainda. A luz era débil, roubada ao sono. Chamava-as pelo nome, mas elas não vinham, voltava a chamar. Era o que lhe doía, aquele abandono. Com amor lhes queria, longamente sonhava com as faces do seu corpo fino, luzindo no escuro: essas folhas de aço, prontas a ferir. Navalhas, animais de funduras. Agora não respondiam, mesmo que gritasse. Era uma criança espancada, sem elas; um homem amargo, tocado pelo verde da lepra. Para não morrer precisava desse sol a prumo, dessas águas de seda. Estendidas. Sobre as ervas de junho.

VASTOS CAMPOS

Vou fazer-te uma confidência, talvez tenha já começado a envelhecer e o desejo, esse cão, ladra-me agora menos à porta. Nunca precisei de frequentar curandeiros da alma para saber como são vastos os campos do delírio. Agora vou sentar-me no jardim, estou cansado, setembro foi mês de venenosas claridades, mas esta noite, para minha alegria, a terra vai arder comigo. Até ao fim.

Of that river at my feet, it was said that I would never know it except for its banks, where no boat stops for long. But it was there that the hot flower of the daisies came up above our knees and grew to the very water's edge. Sometimes there was a wind.

PORTRAIT OF A WOMAN

It wasn't just time that had passed over her face, the goats had also left deep marks. It was hard, it was impossible, to tell her from the earth itself: old, dry, turning to dust as the wind blows. *Portuguesa*, so very poor.

ANIMAL OF WORDS

He searched for words, his hands groping in the night, avid still. The light was weak, stolen from sleep. He called them by name, but they didn't come, so he called again. That was what pained him, their desertion. He longed for them with love, dreamed at length of the facets of their delicate bodies, glistening in the dark: those leaves of steel, ready to wound. Razors, creatures from the depths. Now they didn't answer, even if he screamed. Without them, he was a child, bruised and beaten, a bitter man, touched by the green of leprosy. In order not to die he needed that perpendicular sun, those silky waters. Spread out. On the grassy fields of June.

VAST FIELDS

I will tell you a secret, perhaps I have already begun to grow old, and desire, that dog, barks less than before at my door. I never needed to frequent soul-healing charlatans to discover how vast are the fields of delirium. Now I am going to sit down in the garden, I am tired, September was a month of poisonous clarity, but tonight, for my happiness, the earth will burn with me. To the very end.

SOBRE O LINHO

Desse céu de camponeses trouxe o azul, o azul limpo do linho, o azul branco. Aqui o estendo, onde a noite é mais dura (exactamente como outrora na ribeira mulheres antiquíssimas estendiam a roupa pelas pedras da manhã) e nele me deito. Pudesse eu, como elas, agora dormir tranquilo, a tarefa cumprida.

PARÁGRAFOS DA SEDE

Animal do deserto, o sexo. Expulso da alegria. Que procura ainda, no território da sede? Outra boca, mordendo a poeira? A língua do sol, entre a cegueira e o cio? A semente do linho? Animal do deserto, marrando contra o muro.

ON LINEN

From that peasant's sky I brought the blue, the clean blue of flax, white blue. Here I spread it out, where the night is hardest (exactly as once upon a time ancient women spread clothes over the rocks of morning), and I lie down upon it. If only I could now sleep peacefully, like them, my task complete.

PARAGRAPHS OF THIRST

Beast of the desert, sex. Expelled from joy. What does it still search for, in the territory of thirst? Another mouth, devouring dust? The sun's tongue, between blindness and rut? Flaxseed?
Beast of the desert, butting against the wall.

MATÉRIA SOLAR

SOLAR MATTER
(1980)

O MURO É BRANCO

O muro é branco
e bruscamente
sobre o branco do muro cai a noite.

Há um cavalo próximo do silêncio,
uma pedra fria sobre a boca,
pedra cega de sono.

Amar-te-ia se viesses agora
ou inclinasses
o teu rosto sobre o meu tão puro
e tão perdido,
ó vida.

HAVIA

Havia
uma palavra
no escuro.
Minúscula. Ignorada.

Martelava no escuro.
Martelava
no chão da água.

Do fundo do tempo,
martelava.
Contra o muro.

Uma palavra.
No escuro.
Que me chamava.

THE WALL IS WHITE

The wall is white
and suddenly
night falls upon the whiteness of the wall.

There is a horse close to silence,
a cold stone on its mouth,
a stone blind for sleep.

I would love you if now you would come
or bend
your face over mine, so pure,
so lost,
oh life.

THERE WAS

There was
a word
in the dark.
Minuscule. Unremarked.

Hammering in the dark.
Hammering
at the water's heart.

From the bowels of time,
hammering.
At the wall.

A word.
In the dark.
For me. A call.

CONHECIAS O VERÃO PELO CHEIRO

Conhecias o verão pelo cheiro,
o silêncio antiquíssimo
do muro, o furor das cigarras,
inventavas a luz acidulada
a prumo, a sombra breve
onde o rapazito adormecera,
o brilho das espáduas.
É o que te cega, o sol da pele.

TU ESTÁS ONDE O OLHAR COMEÇA

Tu estás onde o olhar começa
a doer, reconheço o preguiçoso
rumor de agosto, o carmim do mar.

Fala-me das cigarras, desse estilo
de areia, os pés descalços,
o grão do ar.

CALA-TE, A LUZ ARDE ENTRE OS LÁBIOS

Cala-te, a luz arde entre os lábios,
e o amor não contempla, sempre
o amor procura, tacteia no escuro,
esta perna é tua?, é teu este braço?,
subo por ti de ramo em ramo,
respiro rente à tua boca,
abre-se a alma à língua, morreria
agora se mo pedisses, dorme,
nunca o amor foi fácil, nunca,
também a terra morre.

YOU KNEW SUMMER BY ITS FRAGRANCE

You knew summer by its fragrance,
the ancient silence
of the wall, the frenzy of the cicadas,
you invented the slightly bitter perpendicular
light, the brief shadow
in which a young urchin had dropped asleep,
the luster of his shoulder blades.
It is that that blinds you, the sunlight of the flesh.

YOU ARE WHERE MY GAZE BEGINS

You are where my gaze begins
to ache, I recognize the lazy
murmur of August, the carmine of the sea.

Speak to me of cicadas, of that special
sand, your bare feet,
the grain of the air.

BE STILL, LIGHT BURNS BETWEEN THE LIPS

Be still, light burns between the lips
and love does not ponder, always
love searches, touches in the dark,
this leg, is it yours? is this your arm?
I climb you branch by branch,
breathe close to your mouth,
the soul opens itself to the tongue, I would die
now if you asked me to, sleep,
love was never easy, never,
the earth also dies.

FAZER DO OLHAR O GUME CERTO

Fazer do olhar o gume certo,
atravessar a água corrompida,
no avesso da sombra soletrar
o rosto ardido de sede antiga.

CHOVE, É O DESERTO, O LUME APAGADO

Chove, é o deserto, o lume apagado,
que fazer destas mãos, cúmplices do sol?

OLHA, JÁ NEM SEI DE MEUS DEDOS

Olha, já nem sei de meus dedos
roídos de desejo, tocava-te a camisa,
desapertava um botão,
adivinhava-te o peito cor de trigo,
de pombo bravo, dizia eu,
o verão quase no fim,
o vento nos pinheiros, a chuva
pressentia-se nos flancos,
a noite, não tardaria a noite,
eu amava o amor, essa lepra.

SEI ONDE O TRIGO ILUMINA A BOCA

Sei onde o trigo ilumina a boca.
Invoco esta razão para me cobrir
com o mais frágil manto do ar.

O sono é assim, permite ao corpo
este abandono, ser no seio da terra
essa alegria só prometida à água.

172

TO TURN A GAZE INTO A PERFECT BLADE

To turn a gaze into a perfect blade,
to cross corrupted water,
and on the shadow's further side to fumble forth
a face burning with an ancient thirst.

IT'S RAINING, THIS IS THE DESERT, THE FIRE'S GONE OUT

It's raining, this is the desert, the fire's gone out,
what to do with these hands, the sun's accomplices?

LOOK, I DON'T EVEN KNOW ABOUT MY FINGERS ANYMORE

Look, I don't even know about my fingers anymore,
gnawed with desire, I touched your shirt,
undid a button,
imagined your breast the color of wheat,
or of a wild dove, perhaps,
the summer almost at an end,
the wind in the pines, the rain
foreseen upon your loins,
the night, soon the night would come.
I was in love with love, that leprosy.

I KNOW WHERE WHEAT ILLUMINATES THE MOUTH

I know where wheat illuminates the mouth.
I invoke that thought to cover myself
with the most fragile mantle of air.

Sleep is like that, it allows the body
this abandon, to lie in the breast of the earth,
a joy promised only to water.

Digo que estive aqui, e vou agora
a caminho doutro sol mais branco.

QUE FIZESTE DAS PALAVRAS?

Que fizeste das palavras?
Que contas darás tu dessas vogais
de um azul tão apaziguado?

E das consoantes, que lhes dirás,
ardendo entre o fulgor
das laranjas e o sol dos cavalos?

Que lhes dirás, quando
te perguntarem pelas minúsculas
sementes que te confiaram?

I say that I was here, and now I go
the route of another, whiter sun.

WHAT DID YOU DO WITH THE WORDS?

What did you do with the words?
What account will you give of those vowels
of a blue so pacified?

And of the consonants, what will you tell them,
burning amid the splendor
of the oranges and the horses' sun?

What will you tell them, when
they ask you of the tiny
seeds confided to your trust?

O PESO DA SOMBRA

SHADOW'S WEIGHT

(1982)

COMO SE FOSSEM FOLHAS AINDA

Como se fossem folhas ainda
os pássaros cantam
no ar lavado das tílias:
algumas cintilações
vão caindo nestas sílabas.

ESSA MULHER, A DOCE MELANCOLIA

Essa mulher, a doce melancolia
dos seus ombros, canta.
O rumor
da sua voz entra-me pelo sono,
é muito antigo.
Traz o cheiro acidulado
da minha infância chapinhada ao sol.
O corpo leve quase de vidro.

ESTOU SENTADO NOS PRIMEIROS ANOS DA MINHA VIDA

Estou sentado nos primeiros anos da minha vida,
o verão já começou, e a porosa
sombra das oliveiras abre-se à nudez
do olhar. Lá para o fim da tarde
a poeira do rebanho não deixará
romper a lua. Quanto ao pastor,
talvez um dia suba com ele às colinas,
e se aviste o mar.

O LIVRO ABERTO ESQUECIDO NA RELVA

O livro aberto esquecido na relva,
o sol mordido das amoras bravas,
a voz húmida e lenta dos rapazes,
os degraus por onde a sombra desce.

AS IF THEY WERE STILL LEAVES

As if they were still leaves
birds are singing
in the washed air of the linden trees;
a few scintillations
falling, falling on these syllables.

THAT WOMAN, THE SWEET SADNESS

That woman, the sweet sadness
of her shoulders, sings.
The sound
of her voice enters me through sleep,
an ancient sound.
It brings the acid smell
of childhood dabbling under the sun.
My body light, almost of glass.

I AM SEATED IN THE FIRST YEARS OF MY LIFE

I am seated in the first years of my life,
summer has already begun, and the porous
shadow of the olive trees opens to the nakedness
of a gaze. In the late afternoon
the dust of the flock will not let
the moon break through. As for the shepherd,
perhaps one day I'll climb the hills with him,
and there catch sight of the sea.

THE OPEN BOOK FORGOTTEN IN THE GRASS

The open book forgotten in the grass,
the bitten sun of wild mulberries,
the moist, slow voices of young boys,
the steps down which the shadows drop.

É POR DENTRO QUE A BOCA É LUMINOSA

É por dentro que a boca é luminosa.
A luz derrama-se na língua, e canta.
É quase vegetal, de um azul inocente,
ou quase animal, rastejando lenta.

PODES CONFIAR-ME SEM RECEIO

Podes confiar-me sem receio
as pequenas tarefas matinais.
Deixa ficar as nuvens,
a poeira acesa nos telhados,
os martelos da tristeza sobre a mesa.
O meu país é entre junho e setembro,
antes da primeira neve chama por mim.

QUASE SE VÊ DAQUI, O VERÃO

Quase se vê daqui, o verão:
a luz crispada sobre o muro,
a haste do trigo prestes a partir,
essas crianças cantando nuas
nas ruínas da memória,
uma abelha talvez equivocada,
era um dia que dava para o mar.

CAMINHA DEVAGAR

Caminha devagar:
desse lado o mar sobe ao coração.
Agora entra na casa,
repara no silêncio, é quase branco.
Há muito tempo que ninguém

IT IS WITHIN THAT THE MOUTH IS LUMINOUS

It is within that the mouth is luminous.
Light pours onto the tongue and sings.
Almost vegetal, of an innocent blue,
almost animal, crawling slowly along.

YOU MAY WITHOUT FEAR PASS ON

You may without fear pass on
your little morning tasks to me.
Leave the clouds alone,
the burning dust on the rooftops,
the hammers of sorrow upon the table.
Between June and September my country lies,
before the first snow falls, call for me.

YOU CAN ALMOST SEE IT FROM HERE, THE SUMMER

You can almost see it from here, the summer:
light contracting, tense upon the wall,
the wheat stalk ready to break,
those children chirping naked
in the ruins of memory,
a bee, confused, perhaps misled,
it was a day that gave onto the sea.

WALK SLOWLY

Walk slowly:
from this side the sea mounts to the heart.
Now enter the house,
note the silence, it is almost white.
It's been a long time since anyone

se demorou a contemplar
os breves instrumentos do verão.
Pelo pátio rasteja ainda
o sol. Canta na sombra
a cal, a voz acidulada.

DESPRENDER-ME DO SONO, SER NO AR

Desprender-me do sono, ser no ar
feliz a lenta explosão da flor
do litoral, um punho ardendo,
a luz fendida pelo ardor da cal.

DEIXO AO MIGUEL AS COISAS DA MANHÃ

Deixo ao Miguel as coisas da manhã—
a luz (se não estiver já corrompida)
a caminho do sul,
o chão limpo das dunas desertas,
um verso onde os seixos são
de porcelana,
o ardor quase animal
de uma romã aberta.

ESPANTA-ME QUE ESTES OLHOS DUREM AINDA

Espanta-me que estes olhos durem ainda,
que as suas pedras molhadas
se tenham demorado tanto a reflectir
um céu extenuado
em vez de aprenderem com a chuva
a morder o chão.

has paused to contemplate
the brief instruments of summer.
The sun still crawls
through the courtyard. In the shade,
lime's whitewash sings,
a touch of acid in its voice.

TO FREE MYSELF FROM SLEEP, TO BE

To free myself from sleep, to be
the slow explosion of seaside flowers
in the happy air, a fist aflame,
light cloven by the blaze of limestone white.

I LEAVE TO MIGUEL THE THINGS OF MORNING

I leave to Miguel the things of morning—
the light (if it's not corrupted yet)
on the road to the south,
the clean sand of deserted dunes,
a verse in which the pebbles are
of porcelain,
the heat, almost animal,
of an open pomegranate.

IT SURPRISES ME THESE EYES HAVE LASTED

It surprises me these eyes have lasted,
that their wet stones
have lingered here to mirror back
a worn-out sky
instead of learning with the rain
to bite the dust.

OUÇO CORRER A NOITE PELOS SULCOS

Ouço correr a noite pelos sulcos
do rosto — dir-se-ia que me chama,
que subitamente me acaricia,
a mim, que nem sequer sei ainda
como juntar as sílabas do silêncio
e sobre elas adormecer.

QUE MANHÃ QUERIA AINDA

Que manhã queria ainda
de areia
ou seda sobre a boca
antes de entrar em Ítaca?

I HEAR NIGHT FLOW THROUGH THE FURROWS

I hear night flow through the furrows
of my face—as if to call me,
as if, in just a moment, it will gently touch me,
I, who still don't even know
how to splice together syllables of silence
and drift upon them into sleep.

WHAT MORNING DOES HE WISH FOR STILL

What morning does he wish for still
of sand
or silk upon the mouth
before he enters Ithaca?

BRANCO NO BRANCO

WHITE ON WHITE
(1984)

FAZ UMA CHAVE, MESMO PEQUENA

Faz uma chave, mesmo pequena,
entra na casa.
Consente na doçura, tem dó
da matéria dos sonhos e das aves.

Invoca o fogo, a claridade, a música
dos flancos.
Não digas *pedra*, diz *janela*.
Não sejas como a sombra.

Diz *homem*, diz *criança*, diz *estrela*.
Repete as sílabas
onde a luz é feliz e se demora.

Volta a dizer: *homem*, *mulher*, *criança*.
Onde a beleza é mais nova.

É UM LUGAR AO SUL, UM LUGAR ONDE

É um lugar ao sul, um lugar onde
a cal
amotinada desafia o olhar.
Onde viveste. Onde às vezes no sono

vives ainda. O nome prenhe de água
escorre-te da boca.
Por caminhos de cabras descias
à praia, o mar batia

naquelas pedras, nestas sílabas.
Os olhos perdiam-se afogados
no clarão
do último ou do primeiro dia.

Era a perfeição.

MAKE A KEY, EVEN A SMALL ONE

Make a key, even a small one,
enter the house.
Give in to sweetness, pity
the substance of dreams and of birds.

Invoke the heat, the limpidness, the music
of loins.
Do not say *stone*, say *window*.
Do not become a shadow.

Say *man*, say *child*, say *star*.
Repeat those syllables
where light is happy and lingers.

Say once again: *man, woman, child*.
Where beauty is the freshest.

IT'S A PLACE IN THE SOUTH, A PLACE WHERE

It's a place in the south, a place where
whiteness
gone wild stares you in the eye.
Where you lived. Where sometimes in sleep

you are living still. The name heavy with water
drips from your mouth.
Along goat paths you dropped
to the beach, the sea pounding

those stones, these syllables.
Eyes lost themselves, drowned
in the dazzle
of the last or the very first day.

Perfection.

ENCOSTAS A FACE À MELANCOLIA E NEM SEQUER

Encostas a face à melancolia e nem sequer
ouves o rouxinol. Ou é a cotovia?
Suportas mal o ar, dividido
entre a fidelidade que deves

à terra de tua mãe e ao quase branco
azul onde a ave se perde.
A música, chamemos-lhe assim,
foi sempre a tua ferida, mas também

foi sobre as dunas a exaltação.
Não oiças o rouxinol. Ou a cotovia.
É dentro de ti
que toda a música é ave.

SÓ O CAVALO, SÓ AQUELES OLHOS GRANDES

Só o cavalo, só aqueles olhos grandes
de criança, aquela
profusão da seda, me fazem falta.
Não é a voz,

que tanto escutei, escura do rio,
nem a cintura fresca,
a primeira onde pousei a mão
e conheci o amor;

é esse olhar que de noite em noite vem
da lonjura por algum atalho,
e me rouba o sono,
e não me poupa o coração.

Meu coração, alentejo de orvalho.

YOU LEAN YOUR FACE ON SORROW, DON'T EVEN

You lean your face on sorrow, don't even
hear the nightingale. Or is it lark?
The air is hard for you to take, you, torn
between the faithfulness you owe

your mother's earth and that bleached
blueness where birds disappear.
Music, let's call it that,
was always your wound, but also

it was exaltation in the dunes.
Do not listen to the nightingale. Or to the lark.
It is within
that all music turns to bird.

JUST THE HORSE, JUST THOSE WIDE

Just the horse, just those wide
child's eyes, that
profusion of silk, that's all I miss.
Not the dark river

voice I always listened to,
nor the cool waist,
the first I laid my hand upon,
knowing love;

it's that gaze that comes, night after night,
along some bypath from afar,
and steals my sleep,
and will not spare my heart.

My heart, a prairie covered in dew.

JÁ NÃO SE VÊ O TRIGO

Já não se vê o trigo,
a vagarosa ondulação dos montes.
Não se pode dizer que fossem contigo,
tu só levaste esse modo

infantil de saltar o muro,
de levar à boca
um punhado de cerejas pretas,
de esconder o sorriso no bolso,

certa maneira de assobiar às rolas
ou então pedir um copo de água,
e dormir em novelo,
como só os gatos dormem.

Tudo isso eras tu, sujo de amoras.

AS RAZÕES DO MUNDO

As razões do mundo
não são exactamente as tuas razões.
Viver de mãos acesas não é fácil,
viver é iluminar

de luz rasante a espessura do corpo,
a cegueira do muro.
Esse gosto a sangue
que trazia a primavera, se primavera havia,

não conduz à coroa do lume.
Os negros lençóis da água,
o excremento dos corvos marinhos
fazem parte da tua agonia.

E um sabor a sémen
que sempre a maresia traz consigo.

NO LONGER CAN I SEE THE WHEAT

No longer can I see the wheat,
the languid undulation of the hills.
I cannot say it went with you,
you only took that childlike

way of jumping the wall,
of lifting to your mouth
a fistful of black cherries,
of hiding a smile in your pocket,

a certain way of whistling to the doves
or asking for a glass of water,
and sleeping curled like a ball of yarn,
as only cats can sleep.

All this you were, and stained with mulberries.

THE REASONS OF THE WORLD

The reasons of the world
are not exactly your reasons.
To live with burning hands isn't easy,
to live is to illuminate

with a skimming light the thickness of the body,
the blindness of the wall.
That taste of blood
which brought the spring, if spring there was,

does not lead to a crown of flame.
Black sheets of water,
the excrement of cormorants,
compose your suffering.

It is a smell of semen
that the tidal breezes always bring.

NÃO, NÃO É AINDA A INQUIETA

Não, não é ainda a inquieta
luz de março
à proa de um sorriso,
nem a gloriosa ascensão do trigo,

a seda de uma andorinha roçando
o ombro nu,
o pequeno e solitário rio adormecido
na garganta;

não, nem o cheiro acidulado e bom
do corpo, depois do amor,
pelas ruas a caminho do mar,
ou o despenhado silêncio

da pequena praça,
como um barco, o sorriso à proa;

não, é só um olhar.

RAIVOSOS, ATIRAM-SE CONTRA A SOMBRA

Raivosos, atiram-se contra a sombra
de umas acácias que por ali havia,
o corpo dorido de tanto desejar.
Olharam em redor, ninguém os vira,

a terra era de areia, a sombra dura,
também a carne endurecera
e secara a boca, só os olhos
tinham ainda alguma água fresca.

Os dedos cegos foram os primeiros
a rasgar, ferir, e logo os dentes

NO, IT IS NOT YET THE TROUBLED

No, it is not yet the troubled
light of March
at the prow of a smile,
nor the glorious ascendance of the wheat,

the silk of a swallow brushing
a naked shoulder,
a small and solitary river asleep
in its throat;

no, nor the good, slightly acid smell
of the body, after love,
down through streets leading to the sea,
or the plummeting silence

of the little square,
like a boat, a smile at its prow;

no, it is just a glance.

MADDENED, THEY THREW THEMSELVES AGAINST THE SHADOW

Maddened, they threw themselves against the shadow
of some acacias that were scattered about,
their bodies aching from so much desire.
They looked around, no one was watching,

the earth was sandy, the shade hard,
the flesh also had hardened
and the mouth gone dry, only the eyes
still held a bit of fresh water.

Blind fingers were the first
to tear, to wound, then teeth

morderam, nem sequer
ao sexo deram tempo de penetrar.

Eram muito jovens; a terra não,
a terra estava exausta,
o coração mordido pelas vespas,
só queria morrer.

JULGUEI QUE NÃO VOLTARIA A FALAR

Julguei que não voltaria a falar
desse verão onde o sol se escondia
entre a nudez
dos rapazes e a água feliz.

Imagens que já não doem
—risos, corridas, a brancura dos dentes,
ou a matutina estrela
ardendo no centro da nossa carne—

chegaram com a neve, tão rara
nestas paragens,
e como pousa a poeira,
sentaram-se ao lume vagarosas.

Aí estiveram, escutando o que traz
o vento. Até anoitecer.

ÀS VEZES ENTRA-SE EM CASA COM O OUTONO

Às vezes entra-se em casa com o outono
preso por um fio,
dorme-se então melhor,
mesmo o silêncio acabou por se calar.

were biting, not even
giving sex the time to penetrate.

They were very young; the earth was not,
the earth was worn out,
its heart bitten by wasps,
its only wish to die.

I THOUGHT I WOULD NOT SPEAK AGAIN

I thought I would not speak again
of that summer when the sun hid
between the nakedness
of boys and the happy water.

Images that no longer ache—
laughter, races, the whiteness of teeth,
or the early morning star
burning in the center of our flesh—

they arrived with the snow, so rare
in these parts,
and, like dust settling,
they slowly took their places by the hearth.

There they were, listening to what
the wind brings. Until the fall of night.

SOMETIMES ONE ENTERS THE HOUSE WITH AUTUMN

Sometimes one enters the house with autumn
hanging by a thread,
one sleeps better then,
even silence stills itself at last.

Talvez pela noite fora ouça cantar o galo,
e um rapazito suba as escadas
com um cravo
e notícias de minha mãe.

Nunca fui tão amargo, digo-lhe então,
nunca à minha sombra a luz
morreu tão jovem
e tão turva.

Parece que vai nevar.

NÃO HÁ NINGUÉM À ENTRADA DE NOVEMBRO

Não há ninguém à entrada de novembro.
Vem como se não fora nada.
A porta estava aberta,
entrou quase sem pisar o chão.

Não olhou o pão, não provou o vinho.
Não desatou o nó cego do frio.
Só na luz das violetas se demora
sorrindo à criança da casa.

Essa boca, esse olhar. Essa mão
de ninguém. Vai-se embora,
tem a sua música, o seu rigor, o seu segredo.
Antes porém acaricia a terra.

Como se fora sua mãe.

Perhaps out in the night I hear a rooster crow,
and a little boy climbs the stairs
with a carnation
and news of my mother.

I've never been so bitter, I tell him,
never in my shadow did the light
die so young
and so obscured.

It feels like snow.

THERE IS NO ONE AT THE ENTRANCE OF NOVEMBER

There is no one at the entrance of November.
It comes as if it were nothing.
The door was open,
and it entered, barely touching the ground.

It didn't look at the bread, it didn't try the wine.
It didn't untie the blind knot of the cold.
Only in the light of the violets did it pause,
smiling at the child of the house.

That mouth, that gaze. That hand
of no one. It's going away,
it has its music, its rigor, its secret.
First, however, it caresses the earth.

As if it were its mother.

As casas entram pela água,
a porta do pátio aberta à estrela
matutina, em flor
os espinheiros,

nas janelas apenas a cintilação
juvenil do mar antigo,
esse que viu ainda as naves
do mais errante de quantos marinheiros

perderam norte e razão
a contemplar a reflectida estrela
da manhã:
só na morte não somos estrangeiros.

The houses enter the water,
front gates open to the morning
star, hawthorns
in blossom,

in the windows just the youthful
shimmer of an ancient sea,
the one that watched the ships
of the farthest straying seamen

blinded to compass and reason
contemplating the reflected
morning star:
only in death are we no longer strangers.

VERTENTES DO OLHAR

SLOPES OF A GAZE
(1987)

ENTRE O PRIMEIRO E O ÚLTIMO CREPÚSCULO

Eu tinha dois ou três anos, tenho agora sessenta, e o apelo da luz é o mesmo, como se dela tivesse nascido e só a ela não pudesse deixar de regressar. Entre o primeiro crepúsculo e o último, sempre o corpo todo se deixou penetrar por esse ardor que se fazia carícia na parte mais diáfana e imponderável do ser, e a que, se não lhe chamarmos luz também, não saberemos nunca que nome dar.

ASSIM É A POESIA

Não sei onde acordei, a luz perde-se ao fundo do corredor, longo, longo, com quartos dos dois lados, um deles é o teu, demoro muito, muito a chegar lá, os meus passos são de menino, mas os teus olhos esperam-me, com tanto amor, tanto, que corres ao meu encontro com medo que tropece no ar—ó musicalíssima.

INFÂNCIA

Saio de casa para ver os estorninhos; não têm conta a esta hora da tarde, em revoadas sucessivas sobre as árvores. Quando a noite cai já estou de volta, o olhar atravessado por rápidos fulgores. A luz é tudo o que trago comigo, porque também eu tenho medo do escuro.

HISTÓRIA DO SUL

Anoiteceu, recordo-me, era um cão pequeno e branco, numa cidade do sul, com limoeiros ainda e o frémito da sombra ao fundo dos pátios. Um cão, há muitos anos, via-o aproximar-se de longe, certamente tinha um destino, magro destino de cão, já se sabe, contudo destino. Na noite deserta, um osso na boca, ele ia

BETWEEN THE FIRST AND LAST TWILIGHT

I was two or three years old, now I am sixty, and the call of the light is the same, as if I had been born from it and could not fail to return. Between the first twilight and the last, the entire body has always let itself be penetrated by that heat that turns to a caress in the most diaphanous and imponderable part of our being, a part to which, were we to fail to call it light as well, we would never know what name to give.

THAT'S WHAT POETRY IS LIKE

I don't know where I awoke, the light losing itself at the end of the long, long hallway, rooms on both sides, one of them is yours, it takes a long, long time to get there, my steps are those of a boy, but your eyes are waiting, with so much love, so much, that you run to meet me, afraid that I will stumble on the air—oh more than any music.

CHILDHOOD

I go out to watch the starlings; they are countless at this hour of the evening, circling repeatedly over the trees. When night falls, I'm already back inside, my gaze shot through with flaming scintillations. The light is all that I bring back with me, for I, too, fear the dark.

A STORY OF THE SOUTH

Night had fallen, I remember, and there was a little white dog, in a city of the south, one that still had lemon trees and the shimmer of shadows in the depths of courtyards. A dog, it was years ago, I saw him coming from far off, it was clear he had a destination, the meager destiny of a dog, you know, but destiny nonetheless. In the

à sua vida, talvez uma cadela o esperasse num daqueles vícolos que desaguavam nas trevas do porto, mas também ele me viu, não era difícil, na rua deserta só eu aguardava, e quase alvoroçado aproximou-se, parou na minha frente, deitou fora o osso, ergueu-se nas patas traseiras e os olhos diziam que, a partir de então, osso, cadela, destino, tudo isso era eu. Inclinei-me para uma festa, disse-lhe também da minha ternura, daquela ferida breve acabada de abrir, mas o meu destino era ainda mais precário, mal chegara não tardaria a partir, só quase o tempo de respirar a cal da sombra. Dei alguns passos, sabia que me seguia, parei, parou, voltei a caminhar, voltou a seguir-me, de novo o acariciei, ali estavam aqueles olhos molhados, eram por assim dizer os olhos de minha mãe, outra vez lhe falei, lhe pedi perdão por não poder levá-lo, por não poder ficar, viajar com amigos não era andar pelo mundo de sacola ao ombro, devia compreender. Não, ele não compreendia, não podia mesmo entender razões assim, a terra era o que havia de mais deserto, do amor não ficava senão um pequeno fio de sangue, menos ainda, a baba da lesma na relva, e de repente uma campainha retiniu, ficámos rodeados de gente, o deserto aumentou, ele continuava na minha frente, aqueles olhos onde subiam as águas mais fundas, como esquecê-los? Os amigos ali estavam, deram-se logo conta, os inteligentes, daquele enleio, deram também razões, o cãozito tinha certamente dono, via-se bem que não era vadio embora lhe faltasse raça, quisesse eu não faltariam cães, por toda a parte havia milhares bem mais bonitos, e depois, as fronteiras, tanto trabalho por um cão vulgaríssimo, como vês não entendem, nenhum deles viu nos teus olhos a raiz do orvalho, entraram no carro, fiz-lhe ainda uma festa, da janela de trás via-o no espaço que o automóvel deixara, farejava o chão inquieto, depois levantou a cabeça desorientado, não percebia como um sopro me levara, impossível amor, meu filho, passarei o resto da vida a embalar-te, as pessoas continuavam a dispersar, as últimas luzes do cinema apagavam-se, a rua escureceu, não tardaria a ficar deserta.

deserted night, a bone in his mouth, he was going on with his life, maybe a bitch was waiting for him in one of those *vicolos* that drain into the thick darkness of the port, but he saw me as well, it wasn't hard, on the deserted street only I stood waiting, and, with suppressed excitement, he came up, stopped in front of me, dropped the bone, stood up on on his hind legs, and his eyes said that, from now on, bone, bitch, destiny, all were me. I bent over to pet him and told him, as well, of my tenderness and of that fleeting wound that had just recently opened in me, but my destiny was even more precarious than his, no sooner had I arrived than I was about to leave, barely enough time to breathe in the scent of whitewashed shade. I took a few steps, I knew he would follow me, I stopped, he stopped, I began to walk again, he began to follow me again, once more I petted him, there they were, those moist eyes, they were, if I may put it that way, my mother's eyes, once again I spoke to him, I begged his pardon for not being able to take him, for not being able to stay, traveling with friends wasn't exactly wandering the earth with a sack on one's shoulder, he had to understand. No, he didn't understand, he couldn't, in fact, understand that kind of reasoning, the earth was the most deserted place there was, of love nothing remained but a little thread of blood, less even than that, the slime of a slug on the grass, and suddenly a bell rang, we were surrounded by people, the desert spread, he remained facing me, those eyes wherein the deepest waters rose, how can I forget them? My friends were there, they immediately noticed, how clever of them, our shy bond, and they went on to explain, the little dog certainly had an owner, it was obvious he wasn't a stray even though he was a mongrel, if I wanted a dog, there would always be plenty of them, there were thousands of much better-looking ones everywhere, and then the borders, so much trouble for such an ordinary mutt, as you see they didn't understand, not one of them saw in your eyes the very root of the dew, they got in the car, I petted him once more, through the back window I saw him in the space left by the automobile, sniffing the ground anxiously, then lifting his head disoriented, he couldn't understand how a breath of air had carried me off, impossible love, my child, I will spend the rest of my life cradling you to sleep, people continued to disperse, the last lights of the movie house went out, the street turned dark, in a short while it would be deserted.

MORANDI: UM EXEMPLO

Anoitecera. Eu falava de Morandi como exemplo de uma arte poética que, apesar da desmaterialização dos objectos e da aura de silêncio que os imobilizava na sua pureza, não se desvincula nunca da realidade mais comum e fremente, quando alguém me interrompeu:—Eu conheci-o, era intratável, vivia em Bolonha com duas irmãs, quase só saía de casa para ir às putas.— Está bem, volvi eu, se ele precisava disso para depois pintar como Vermeer e Chardin, abençoadas sejam todas as putas do céu e da terra. Ámem.

ESSA FOLHA

Essa folha, aí. Tão branca que nem a neve é assim fria. Aproximo os dedos numa espécie de carícia, tentando atenuar, diluir tanta hostilidade, mas logo recuam tocados pelo medo. É tão difícil. Porque essa brancura queima, arde silenciosa num fogo que ninguém vê. Durante muito tempo só os olhos a procuram, a contemplam. Imóveis, sem afrouxarem de intensidade. Ouvem-se quase os latidos do pulso. De súbito, os dedos distendem-se, saltam; no seu movimento de falcão já não acariciam, antes rasgam, dilaceram, perseguem a presa numa luta onde não há tréguas, vão deixando na neve sinais da sua presença, ora triunfante ora aflita, por vezes quase morta.

COM OS OLHOS

Talvez um dia. Talvez um dia alcancemos essa voz, já sem o peso da luz sobre os ombros. Os olhos chegarão então ao fim da sua tarefa; os olhos, instrumentos felizes da realidade mais real. Porque ver sempre foi tocar. Tocar uma a uma cada coisa com os olhos, antes da mão se aproximar para recolher os últimos brilhos de setembro. Vede como se afasta com fulva lentidão de tigre.

MORANDI: AN EXAMPLE

Night had fallen. I was speaking of Morandi as an example of
a poetic art which, despite its dematerialization of objects and its
aura of silence immobilizing them in their purity, never disen-
gages itself from our most common, quivering reality, when
someone interrupted me: "I knew him, he was impossible, he
lived in Bologna with his two sisters, practically never left the
house except to go out after whores." That's fine, I answered, if he
needed that in order then to paint like Vermeer and Chardin,
blessed be all the whores of heaven and earth. Amen.

THAT SHEET

That sheet of paper there. So white not even snow is quite as
cold. Fingers approach in a kind of caress, trying to soften, to
dilute, so much hostility, but quickly they withdraw, touched by
fear. It is so difficult. For this whiteness burns, glowing silently in
a fire that no one sees. For a long time, only the eyes seek it out,
gaze at it. Motionless, without relaxing their intensity. One can
almost hear the throbbing of one's pulse. Suddenly, the fingers
reach out, leap; moving like a falcon, they no longer caress, rather
tear, lacerate, pursue their prey in a struggle with no quarter
given, leaving behind in the snow traces of their presence, at
times triumphant, at times distressed, at times nearly dead.

WITH THE EYES

Perhaps one day. Perhaps one day we will reach that voice,
free by then of the weight of light upon our shoulders. The eyes
will come then to the end of their task; the eyes, happy instru-
ments of the most real reality. For to see was always to touch. To
touch, one by one, each thing with the eyes, before the hand
would approach to gather the last shimmerings of September.
Look how it moves away with the tawny indolence of a tiger.

Quando voltar ao Alentejo as cigarras já terão morrido. Passaram o verão todo a transformar a luz em canto—não sei de destino mais glorioso. Quem lá encontraremos, pela certa, são aquelas mulheres envolvidas na sombra dos seus lutos, como se a terra lhes tivesse morrido e para todo o sempre se quedassem orfãs. Não as veremos apenas em Barrancos ou em Castro Laboreiro, elas estão em toda a parte onde nasça o sol: em Cória ou Catânia, em Mistras ou Santa Clara del Cobre, em Varchats ou Beni Mellal, porque elas são as Mães. O olhar esperto ou sonolento, o corpo feito um espeto ou mal podendo com as carnes, elas são as Mães. A tua; a minha, se não tivera morrido tão cedo, sem tempo para que o rosto viesse a ser lavrado pelo vento. Provavelmente estão aí desde a primeira estrela. E como duram! Feitas de urze ressequida, parecem imortais. Se o não forem, são pelo menos incorruptíveis, como se participassem da natureza do fogo. Com mãos friáveis teceram a rede dos nossos sonhos, alimentaram-nos com a luz coada pela obscuridade dos seus lenços. Às vezes encostam-se à cal dos muros a ver passar os dias, roendo uma côdea ou fazendo uns carapins para o último dos netos, as entranhas abertas nas palavras que vão trocando entre si; outras vezes caminham por quelhas e quelhas de pedra solta, batem a um postigo, pedem lume, umas pedrinhas de sal, agradecem pela alma de quem lá têm, voltam ao calor animal da casa, aquecem um migalho de café, regam as sardinheiras, depois de varrerem o terreiro. Elas são as Mães, essas mulheres que Goethe pensa estarem fora do tempo e do espaço, anteriores ao Céu e ao Inferno, assim velhas, assim terrosas, os olhos perdidos e vazios, ou vivos como brasas assopradas. Solitárias ou inumeráveis, aí as tens na tua frente, graves, caladas, quase solenes na sua imobilidade, esquecidas de que foram o primeiro orvalho do homem, a primeira luz. Mas também as podes ver seguindo por lentas veredas de sombra, as pernas pouco ajudando a vontade, atrás de uma ou duas cabras, com restos de garbo na cabeça levantada, apesar das tetas mirradas. Como encontrarão descanso nos caminhos do mundo? Não há ninguém que as não tenha visto com

When I return to the Alentejo, the cicadas will have already died. They will have spent the whole summer turning light into song—I know of no fate more glorious. Whom we will meet there, for certain, are those women wrapped in the shadows of their mourning, as if the earth had died on them and left them orphans forever. We will see them not only in Barrancos or Castro Laboreiro, they can be found wherever the sun rises: in Coria or Catania, in Mistras or Santa Clara del Cobre, in Varchats or Beni Mellal, for they are the Mothers. A gaze keen or sleepy, a body like a rail or hardly able to manage all that flesh, they are the Mothers. Yours; mine, if she hadn't died so early, without time for her face to be furrowed by the wind. They've probably been there since the first star. And how they endure! Made of withered heather, they seem immortal. If they are not, they are at least indestructible, as if sharing the nature of fire. With brittle hands they weave the net of our dreams, feeding us with light filtered through the darkness of their scarves. Sometimes they lean against the whitewash of the walls to watch the days pass, gnawing at a crust or knitting booties for the newest of the grandchildren, their innards exposed in the words passing between them; at other times they walk from alley to stony alley, knock at a shutter, ask for a match, a few crystals of salt, give thanks on behalf of the souls in purgatory, return to the animal warmth of their house, heat up a drop of coffee, and water the geraniums, after sweeping up the yard. They are the Mothers, those women who Goethe thought were outside time and space, older than Heaven and Hell, so old, so of-the-earth, their eyes lost and empty, or alive like glowing coals. Alone or countless, there you have them before you, grave, silent, almost solemn in their immobility, having forgotten they were man's first dew, his first light. But you can also see them going along slow, shady paths, their legs giving little support to their will, following one or two goats, vestiges of grace in a head held high, despite their withered teats. How will they find rest on the roads of the world? There is no one who hasn't seen them with rosary in wrinkled hands praying for their deceased,

umas contas nas mãos engelhadas rezando pelos seus defuntos, rogando pragas a uma vizinha que plantou à roda do curral mais três pés de couve do que elas, regressando da fonte amaldiçoando os anos que já não podem com o cântaro, ou debaixo de uma oliveira roubando alguma azeitona para retalhar. E cheiram a migas de alho, a ranço, a aguardente, mas também a poejos colhidos nas represas, a manjerico quando é pelo S. João. E aos domingos lavam a cara, e mudam de roupa, e vão buscar à arca um lenço de seda preta, que também põem nos enterros. E vede como, ao abrir, a arca cheira a alfazema! Algumas ainda cuidam das sécias que levam aos cemitérios ou vendem nas feiras, juntamente com um punhado de maçãs amadurecidas no aroma dos fenos. E conheço uma que passa as horas vigiando as traquinices de um garoto que tem na testa uma estrelinha de cabrito montês —e que só ela vê, só ela vê.

Elas são as Mães, ignorantes da morte mas certas da sua ressurreição.

PRAÇA DA ALEGRIA

Cheira bem: a café fresco, ou antes, a café misturado com o cheiro das violetas que o pequeno vendedor pusera em cima da minha mesa, insistindo para que lhe comprasse um ramo. A quem o daria? Disse-lhe isto mesmo: que vivia no Porto como quem vive na ilha do Corvo, não tinha ninguém a quem dar uma flor. O rapazito, com olhos escuros de potro manso, percebendo que a minha recusa era débil, não arredava pé. Acabei por comprar-lhe as violetas e oferecê-las à lua, acabada de surgir no canto da praça, branca, redonda, carnuda, que apesar de puta velha, ao aceitá-las, se pôs da cor das cerejas.

hurling curses at a neighbor who has planted three feet more of cabbage around the pigpen than she has, returning from the fountain, railing at her years that can no longer manage the pitcher, or out beneath an olive tree stealing some olives to slice up. And they smell of garlic soup, of rancidness, of cheap liquor, but also of mint gathered from the edges of springs and sweet basil round the Feast of S. João. And on Sundays they wash their face, change their clothes, and go to the old trunk for a kerchief of black silk, which they also wear at funerals. And see how the trunk, on being opened, smells of lavender! Some of them still keep asters, which they take to the cemeteries or sell at the baths, along with a handful of apples ripened in the fragrance of hay. And I know one who spends the hours watching over the antics of a little boy who has on his forehead the little star of a mountain goat—and whom only she sees, only she sees.

They are the Mothers, unaware of death, but sure of their resurrection.

PRAÇA DA ALEGRIA

It smells good: fresh coffee, or rather coffee mixed with the smell of the violets that the little street vendor had placed upon my table, begging that I buy a bunch from him. To whom would I give them? What I told him was this—that I lived in Porto like someone on the island of Corvo, that I had no one to give a flower to. The little kid, with the dark eyes of a gentle colt, noticing that my refusal was weak, didn't budge an inch. I ended up buying his violets and offering them to the moon, just risen over a corner of the square, white, round, fleshy, and she, though an old whore, accepting them, turned the color of cherries.

Trabalhava como um doido, ocultando o seu sofrimento. A doença humilha, agora era de uma cadeira de rodas que dirigia os actores, alterava a decoração, discutia as luzes. Trabalha para não morrer, dizem os amigos. Horas e horas para escolher o tom de um cortinado, a maneira de erguer um véu à altura da boca, a cor das maçãs no linho baço da toalha, com esse amor à realidade que só conhece quem a sabe tão fugidia. Abandonada a câmara, era ainda no trabalho que pensava ao ler duas ou três páginas de Proust, de Stendhal. Apagara a luz, depois de ter ordenado que retirassem as flores do quarto, o aroma das gardénias começava a enjoá-lo. Mas o sono demorava. Tinha a cabeça cheia de imagens, sobretudo de sua mãe, surgindo no meio de uns versos de Auden, que fizera seus nos últimos tempos: *When you see a fair form chase it / And if possible embrace it / Be it a girl or a boy* . . . . Adormecia tarde e era o primeiro a despertar. Chamou para que o lavassem, o vestissem. Recomeçaria uma vez mais a cena, com nova iluminação. O rosto de Tullio Hermil deveria estar na penumbra, só as mãos francamente iluminadas. Porque é nas mãos . . . . Não, não, as mãos são inocentes. É no espírito que tudo tem origem; mesmo o amor; mesmo o crime. Excepto a morte. A morte era bem no seu corpo que principiava. Ali estava ela, tomando conta de si. Via-a crescer a cada instante, essa cadela. De súbito tornara-se real, os dentes afiados, a baba escorrendo, o salto iminente. Em grande plano.

A FLAUTA

Era uma cidade ao sul. O que primeiro surpreendia era o seu cheiro a cavalos. Um cheiro bom, que não tardava a misturar-se com outros mais leves a barro, a sol, a hortelã. As ruas desembocavam todas na praça, uma praça do tamanho do mundo. A vida ali fervia, sobretudo quando a tarde começava a minguar. Feira, mercado, bazar, a praça era tudo isso. Aqui vendia-se tudo, desde o pão doirado aos deliciosos cachimbos de haxixe; e romãs, pul-

He worked like a madman, concealing his pain. Illness humiliates, now it was from a wheelchair that he directed the actors, altered the sets, argued over the lighting. He works so as not to die, his friends say. Hours and hours to choose the exact shade of a curtain, how to raise a veil to the level of one's mouth, the color of the apples on the dull linen tablecloth, all with that love of reality known only to those who understand how fleeting it is. Having abandoned his camera, he was still thinking of his work as he read two or three pages of Proust, of Stendhal. He had turned off the light after having asked that the flowers be taken from his room, for the aroma of the gardenias was beginning to make him sick. But sleep would not come. His head was full of images, especially of his mother, rising up in the middle of some lines by Auden, which he had recently made his own: *When you see a fair form chase it / And if possible embrace it / Be it a girl or a boy . . . .* He got to sleep late and was the first to wake up. He called for them to wash him, to dress him. He would begin the scene once again, with new lighting. Tullio Hermil's face had to be in shadow, only his hands clearly lit. For it is in the hands . . . . No, no, the hands are innocent. It is in the spirit that all begins, even love, even crime. All except death. Death—it was indeed in his body that she had begun. There she was, keeping watch over him. He saw her growing by the moment, that bitch. Suddenly, she had become real, teeth sharpened, slaver drooling, the leap imminent. Close up.

THE FLUTE

It was a city to the south. What first surprised me was the smell of horses. A good smell, which soon mixed with lighter ones: clay, sun, and mint. The streets all opened onto the square, a square the size of the world. Life bubbled there, especially when the afternoon would begin to fade. Fair, market, bazaar, the square was all of them. Here everything was sold, from golden bread to lovely hashish pipes; and pomegranates, bracelets, enameled boxes,

seiras, caixas esmaltadas, peles curtidas, cintos entrançados, aves, túnicas, sorrisos, ervas medicinais, colares de âmbar, tâmaras, corpos tisnados, tudo aqui se vendia, sem pudor nem impudor, com aquela naturalidade que só os pobres muito pobres têm. Mas para quem chegava de outras terras, os olhos eram mais atraídos para o circo que a praça também era: encantadores de serpentes, contadores de histórias, prestidigitadores, equilibristas, macacos amestrados; ou então para o olhar dos rapazes, que nos fixavam sem tréguas, tentando surpreender o dealbar do desejo. Por tudo isto, aquela cidade às portas do deserto, onde a luz explodia mais intensa na magreza dos corpos, tinha naquele lugar a sua alma. —Monsieur, mon ami, si vous êtes pressé vous êtes déjà mort, diziam os moços quase ao nosso ouvido.—Cinco dirhams, por cinco dirhams estou ao seu dispor. Era difícil fugir-lhes, tal a persistência, e mal um desistia, logo outro se aproximava:—Mon ami, apenas cinco . . . Não, não, dizia eu, não queria ver o mercado berbere, não queria ver o kasbah, só queria mergulhar inteiro naquela ondulação de gestos e de vozes, perder-me naquele ardor que não sabia bem se subia da terra seca e rasa e poeirenta ou descia de um céu implacavelmente sem nuvens. E inclinava-me para um cesto de pequenas flautas. Pego numa de bambu, experimento de maneira torpe levantar algumas notas. Com delicadeza, o jovem vendedor pega-me na mão, tira-me a flauta, leva-a à boca fitando-me nos olhos à semelhança dos encantadores de serpentes, e toda a água negra das suas pupilas se derramava nas minhas enquanto ia tocando.—Como te chamas? —Ben Azzi Mohamed.—Quanto custa a flauta?—Dez dirhams, mas para ti são só cinco.—Obrigado, dou-te dez.—Não queres vir tomar chá a minha casa?—Não, obrigado, só quero a flauta.

Era uma cidade ao sul, de palmeiras altas e muros ocres quase rosados. Dela resta apenas uma pequena flauta. Está agora ao lado dos livros, na mesa baixa da sala. E há um enorme silêncio à sua roda.

tanned skins, braided belts, birds, tunics, smiles, medicinal herbs, amber necklaces, dates, swarthy bodies, everything was for sale here, without propriety or impropriety, with that naturalness possessed only by the poorest of the poor. But for someone coming from another land, his eyes were more drawn to the circus of that square: snake charmers, storytellers, conjurers, balancing acts, trained monkeys, or else to the gaze of the youngsters who stared at us without pause, trying to surprise the dawning of desire. With all this, that city on the threshold of the desert, where light exploded more intensely on the leanness of the bodies, had in that place its very soul. "Monsieur, mon ami, si vous êtes pressé vous êtes déjà mort," the youths would whisper almost in our ears. "Five dirhams, for five dirhams I am at your service." It was hard to escape them, they were so persistent, and no sooner had one given up, than another would approach: "Mon ami, just five . . . ." No, no, I would say, I didn't want to see the Berber market, I didn't want to see the Casbah, I just wanted to dive deep into that undulation of gestures and voices, to lose myself in that ardor of which I didn't quite know whether it rose up from the earth, so dry and flat and dusty, or whether it descended from the implacably cloudless sky. And I bent toward a basket of little flutes. I take one made of bamboo, trying in an awkward way to raise a few notes. With delicacy, the young vendor takes my hand, removes the flute, lifts it to his lips, gazing into my eyes like one of the snake charmers, and all of the black water of his pupils spills into mine as he plays. "What's your name?" "Ben Azzi Mohammed." "How much does the flute cost?" "Ten dirhams, but for you it is only five." "Thank you, I'll give you ten." "Don't you want to come to my house for tea?" "No thank you, I just want the flute."

It was a city to the south, of tall palm trees and ocher, almost rosy, walls. Only a small flute remains. It is now next to some books on the coffee table in the living room. And there is an enormous silence around it.

PARA ONDE?

Apesar da luz ter já começado a roer-me os olhos, não é ainda tempo para me entregar a coleccionar caixinhas de rapé ou luzes crepusculares, nem para fazer coro com essa gente do norte que recebe o nevoeiro em casa e o convida, pelo menos uma vez por semana, para jantar.

Desde a vulva inicial, o homem é só caminho. Para onde? Eis o que não sabemos. Mas será caso para perguntar?

APELO

De vez em quando paramos de crescer. É da chuva, do frio, desta humidade a que estão sujeitos no norte ossos e barcos, árvores e pedras. É então grande a tentação da pocilga. Como se o fecundo calor do porco fosse uma promessa, um apelo, às nossas trevas, do sol escondido na palha apodrecida.

ÚLTIMO EXEMPLO: CARLOS DE OLIVEIRA

Os rumores vinham de costas, a rua entrava pela casa, apesar de tão alta. Desviava então a vista fatigada do papel, a palavra exacta era lenta a chegar, quando chegava. O trabalho de horas acabara por reduzir-se a três ou quatro linhas, ainda por cima Cesário insinuara-se no seu apuro. Aproximou-se da janela, a luz era ainda amarga naquele fim de março. O rio lá ao fundo ia frio, apesar disso as águas chamavam-no. É a música inominável da poesia, pensou, um dia terei de responder àquele apelo. Voltou ao papel, não podia perder o resto da manhã. *O que se expõe na palavra é um corpo mortal, mas são essas interrogações que resistem à morte.* Amarfanhou a folha, atirou-a fora, exasperado. Pegou na bengala, desceu à rua. Março ia frio, não há dúvida.

WHERE TO?

Although the light has already begun to gnaw at my eyes, the time has not yet come for me to give myself over to collecting snuffboxes or crepuscular light, or to join chorus with those folk of the north who receive the fog in their homes and invite it, at least once a week, for dinner.

Since the primal vulva, man has been but a road. Where to? That's what we don't know. But is it worth asking?

CALL

Now and then we stop growing. It's the rain, the cold, this dampness to which, here in the north, bones and boats, trees and stones, are subject. How great, then, the temptation of the pigsty. As if the fecund warmth of the pig were a promise, a call to our darkness, from the hidden sun in the rotting straw.

LAST EXAMPLE: CARLOS DE OLIVEIRA

Sounds came in backwards, the street itself entered the house, high as it was. He would turn his eyes away, tired of paper, the exact word was slow to come, when it did come. The work of hours had ended up shrunk to three or four lines, on top of which Cesário* had insinuated himself into that distillation. He went to the window, the light was still bitter there that late March. The river down below flowed cold, in spite of this the waters called to him. It is the ineffable music of poetry, he thought, one day I will have to answer that call. He turned again to the sheet of paper, he couldn't lose the rest of the morning. *What is revealed in a word is a mortal body, but it is these interrogations that resist death.* He crumpled up the sheet and threw it out, exasperated. He took his cane and went down to the street. March was cold, no doubt about it.

*Cesário Verde (1855–86), Portuguese poet much admired by Carlos de Oliveira, who considered him his master.

219

FADIGA

Falar é fatigante. De todas as estrelas, a mais rouca e ácida é
também a mais próxima. O inverno convida à promiscuidade, os
olhos acabam por cair no curral—quem não amou um porco?
Nenhum lugar de amor é triste, mesmo uma estrebaria pode
ser o paraíso.

DO FUNDO DO CORPO

Não dormia, passava horas e horas à escuta, acabando por
distinguir no emaranhado de sons os rumores mais ínfimos, a
aranha a tecer a teia ou, ainda menos audível, a luz abrindo cam-
inho a pulso entre a espessura dos reposteiros. O silêncio chega-
va tarde, perdido na rua o eco dos passos derradeiros. Só então
ganhavam relevo aquelas pancadas vindas do fundo do seu corpo.
Sempre ali estiveram, mas só nessas alturas surgiam limpas de
outros ruídos, cada uma delas com perfil de espada. Até quando
iriam durar? Porque chegaria um momento, disso não tinha a
menor dúvida, em que o deserto da noite e o silêncio do corpo
formariam uma substância única, para sempre inseparável do
ardor do orvalho, subindo matinal os últimos degraus.

WEARINESS

To speak is exhausting. Of all the stars, the most hoarse and bitter is also the closest. Winter invites promiscuity, one's eyes fall in the end to the pigpen—who hasn't loved a pig?

No place of love is sad, even a stable can be paradise.

FROM THE DEPTHS OF THE BODY

He wouldn't sleep, he would spend hours and hours listening, finally making out in the tangle of sounds the minutest murmurs, the spider spinning his web or, even less audible, the light forcing its way through the thick folds of the drapes. Silence would arrive late, the echo of the last steps lost down the street. Only then would that pounding coming from the depths of his body show in relief. It had always been there, but only at such moments would it arise clean of other sounds, each beat with the profile of a sword. Till when would it last? For there would come a time, of this he hadn't the slightest doubt, when the desert of the night and the silence of the body would form a single substance, forever inseparable from the ardor of the dew, climbing in the morning the final steps.

O OUTRO NOME DA TERRA

ANOTHER NAME FOR EARTH
(1988)

COM ESSA NUVEM

Para que estrela estás crescendo,
filho, para que estrela matutina?
Diz-me, diz-me ao ouvido,
se é tempo ainda,
eu e essa nuvem, essa nuvem alta,
de irmos contigo.

MATINALMENTE

Com a luz, com a cal
do verão entornada pela casa,
com essa música
tão amada e bárbara,
com a púrpura correndo
de colina em colina,
fazer uma coroa—
e de lágrimas cheia a taça
sagrar-te príncipe da vida.

O SORRISO

Creio que foi o sorriso,
o sorriso foi quem abriu a porta.
Era um sorriso com muita luz
lá dentro, apetecia
entrar nele, tirar a roupa, ficar
nu dentro daquele sorriso.
Correr, navegar, morrer naquele sorriso.

OS PÊSSEGOS

Lembram adolescentes nus:
a doirada pele das nádegas

WITH THAT CLOUD

Toward what star are you growing,
my son, toward what early morning star?
Tell me, whisper in my ear,
whether there is time still,
for me and that cloud, that high cloud,
to go with you.

EARLY IN THE MORNING

With light, with the whitewash
of summer spilling over the houses,
with this music,
so beloved and barbarous,
with purple flowing
from hill to hill,
to make a crown—
and with a tear-filled goblet
consecrate you prince of life.

THE SMILE

I think it was the smile,
it was the smile who opened the door.
It was a smile with light, much light
inside, I longed to
enter it, take off my clothes, and stay,
naked there within that smile.
To run, to sail, to die within that smile.

PEACHES

Like naked youths:
the golden skin of their buttocks,

com marcas de carmim, a penugem
leve, mais encrespada e fulva
em torno do sexo distendido
e fácil, vulnerável aos desejos
de quem só o contempla e não ousa
aproximar dos flancos matinais
a crepuscular lentidão dos dedos.

OS GIRASSÓIS

Assim fremente e nua,
a luz só pode ser dos girassóis.
Estou tão orgulhoso
por esta flor difícil ter entrado pela casa.
É talvez o último verão,
tão feito de abandono é meu desejo.
Mas estou orgulhoso dos girassóis.
Como se fora seu irmão.

AS AMORAS

O meu país sabe às amoras bravas
no verão.
Ninguém ignora que não é grande,
nem inteligente, nem elegante o meu país,
mas tem esta voz doce
de quem acorda cedo para cantar nas silvas.
Raramente falei do meu país, talvez
nem goste dele, mas quando um amigo
me traz amoras bravas
os seus muros parecem-me brancos,
reparo que também no meu país o céu é azul.

with traces of carmine, their down
light, crinkled and tawnier
around an extended and easy
sex, vulnerable to the desires
of one who only gazed and didn't dare
approach the early morning flanks
with the twilit slowness of his fingers.

SUNFLOWERS

Trembling like this and naked,
the light can only be of sunflowers.
I am so proud
this difficult flower has come into my house.
Perhaps this is the last summer,
so slack the weave of my desire.
But I am proud of the sunflowers.
As if I were their brother.

BLACKBERRIES

My country tastes of wild blackberries
in summer.
No one fails to see my country
is neither vast, nor wise, nor elegant,
but it does have that sweet voice
of one who rises early to sing amongst the brambles.
Rarely have I spoken of my country, maybe
I don't even like it, but when a friend
brings me wild blackberries,
its walls seem white to me,
and I realize that here, too, in my own land, the sky is blue.

RESSACA

A violência fresca do vinho;
os sulcos da ressaca; o silvo matinal
do pastor, mais propício à arte
que toda a música das esferas;
este orgulho de ter no coração
o leite entornado das estrelas.

LUGARES DO OUTONO

Outono, labirinto de silvas,
de sílabas, digo, pupila lenta,
rio de inumeráveis águas
e de amieiros altos onde canta
a derradeira luz das cigarras,
de vidro ainda, e leve, e branca.

SUL

Era verão, havia o muro.
Na praça, a única evidência
eram os pombos, o ardor
da cal. De repente
o silêncio sacudiu as crinas,
correu para o mar.
Pensei: devíamos morrer assim.
Assim: arder no ar.

SEM MEMÓRIA

Haverá para os dias sem memória
outro nome que não seja morte?
Morte das coisas limpas, leves:

RECEDING SURF

The cool violence of wine;
the furrows of receding surf; the morning whistle
of the shepherd, more propitious for art
than all the music of the spheres;
this pride at having in one's heart
the spilled milk of the stars.

AUTUMN PLACES

Autumn, labyrinth of sibilance,
of syllables, I mean, slow pupil,
river of unmeasured waters
and of tall alders where
the last light of the cicadas sings,
still glassy, feathery, and white.

SOUTH

It was summer, there was a wall.
In the square, the only thing in evidence
were pigeons, the heat
of whitewashed walls. Suddenly
silence shook its mane
and ran to the sea.
I thought: that's how we ought to die.
Just like that: exploding in the air.

UNREMEMBERED

Will there be for unremembered days
another name than death?
Death of limpid things, things light:

manhã rente às colinas,
a luz do corpo levada aos lábios,
os primeiros lilases do jardim.
Haverá outro nome para o lugar
onde não há lembrança de ti?

ROSA DO MUNDO

Rosa. Rosa do mundo.
Queimada.
Suja de tanta palavra.

Primeiro orvalho sobre o rosto.
Que foi pétala
a pétala lenço de soluços.

Obscena rosa. Repartida.
Amada.
Boca ferida, sopro de ninguém.

Quase nada.

morning hugging the hills,
the light of the body lifted to the lips,
the first lilacs of the garden.
Will there be another name for the place
where there will be no memory of you?

ROSE OF THE WORLD

Rose. Rose of the world.
Burnt.
Filthy from so many words.

First dew upon my face.
Petal by petal, it was
a handkerchief of sobs.

Obscene rose. Shared.
Loved.
Wounded mouth, nobody's breath.

Almost nothing.

CONTRA A OBSCURIDADE

AGAINST OBSCURITY
(1988)

A *claridade coroa-se de cinza, eu sei:*
é sempre a tremer que levo o sol à boca.

A TERRA DE PALHA RASA

A terra de palha rasa,
a matinal
restolhada dos pardais,
o brusco branco do muro,

a luz onde as cigarras ao arder
desafiam os cardos,
o pão duro de cada dia,
a poeira onde assomam cabras,

o rasteiro coaxar
das rãs em águas apertadas,
o uivo ralo dos cães,
a marca do fogo no avesso da pele,

o descampado, os sulcos da sede.

*

O OLHAR DESPRENDE-SE, CAI DE MADURO

O olhar desprende-se, cai de maduro.
Não sei que fazer de um olhar
que sobeja na árvore,
que fazer desse ardor

que sobra na boca,
no chão aguarda subir à nascente.
Não sei que destino é o da luz,
mas seja qual for

é o mesmo do olhar: há nele
uma poeira fraterna,

Clarity crowns itself in ashes, I know:
it is always with a tremor that I lift the sun to my mouth.

EARTH OF STUBBLED STRAW

Earth of stubbled straw,
early morning
rustling of sparrows,
the sudden whiteness of a wall,

a light in which cicadas, burning,
cast defiance at the thistles,
our hardened daily bread,
dust from which the goats emerge,

the low croak
of frogs in shrinking waters,
the thin howling of dogs,
the seal of fire on the skin's other side,

a deserted heath, furrows of thirst.

*

THE GAZE LETS GO FROM RIPENESS

The gaze lets go from ripeness.
I don't know what to do with a gaze
overflowing from a tree,
what to do with that ardor

overflowing from the mouth,
and waiting on the ground to flow back to the source.
I don't know the destiny of light,
but whatever it may be

it is the same as that of a gaze: the same
fraternal dust,

uma dor retardada, alguma sombra
fremente ainda

de calhandra assustada.

a delayed pain gathering, the shadow,
quivering still,

of a startled skylark.

RENTE AO DIZER

CLOSE TO SPEECH

(1992)

A ARTE DOS VERSOS

Toda a ciência está aqui,
na maneira como esta mulher
dos arredores de Cantão,
ou dos campos de Alpedrinha,
rega quatro ou cinco leiras
de couves: mão certeira
com a água,
intimidade com a terra,
empenho do coração.
Assim se faz o poema.

EM ABRIL CANTAM

Em abril as crianças cantam
com a chuva.
Trepam aos ramos matinais
das cerejeiras
e cantam à espera do sol.
Quando o sol demora
entram a cantar pelos olhos de deus.
À noite cintilam.

AS CABRAS

Elas passam, ralas, magras,
as cabras,
pelo gume das dunas.
Os cornos são o seu diadema.
Nos seus olhos, o relâmpago
sucede ao glacial
tremor das estrelas.
Movem-se lentas—irmãs
dos cardos e da cal.

THE ART OF POETRY

All the art is here,
in the way this woman
from the outskirts of Canton
or the fields of Alpedrinha
waters her four or five rows
of cabbages: the sure hand,
intimacy with the earth,
the heart's commitment.
That's how a poem is made.

IN APRIL THEY SING

In April children sing
with the rain.
They climb among the dawning
branches of the cherry trees
and sing as they await the sun.
When the sun is late,
singing, they pass into the eyes of god.
And at night they simply gleam.

GOATS

They pass by, scraggly, wispy thin,
goats
along the dune's sharp crest.
Their horns their diadems.
In their eyes, a lightning bolt
follows the glacial
tremor of the stars.
Slowly they move on—sisters
to the thistles and the whitening lime.

FRÉSIAS

Uma pátria tem algum sentido
quando é a boca
que nos beija a falar dela,
a trazer nas suas sílabas
o trigo, as cigarras,
a vibração
da alma ou do corpo ou do ar,
ou a luz que irrompe pela casa
com as frésias
e torna, amigo, o coração tão leve.

O SORRISO, OUTRA VEZ

Tu partiste nos quatro versos
que antecederam estas linhas;
ou partiu o teu sorriso, porque tu
sempre moraste no teu sorriso,
chuva verde nas folhas, o teu sorriso,
bater de asas no pulso, o teu sorriso,
e esse sabor, esse ardor da luz
sobre os lábios, quando os lábios são
rumor de sol nas ruas, o teu sorriso.

WASHINGTON SQUARE

Por toda a parte, desde Washington
Square que os esquilos
me perseguem. Mesmo em Camden,
junto ao túmulo de Whitman,
vinham com o outono
comer à mão. Mas é de noite
que mais me procuram: os olhos negros
continhas acesas.

FREESIAS

A homeland makes some sense
when it's a mouth
that kisses as it speaks of it,
bringing in its syllables
wheat, cicadas,
the vibration
of the soul, the body, the air,
or a brightness bursting through the house
with the freesias
that makes, oh friend, my heart so very light.

THAT SMILE, ONCE AGAIN

You disappeared in the four lines
that preceded this one;
or else your smile left, for you
always lived in your smile,
green rain on the leaves, your smile,
a flutter of wings at the wrist, your smile,
and that taste, that burning of light
on the lips, when the lips are
the murmur of sun in the streets, your smile.

WASHINGTON SQUARE

Wherever I go, since Washington
Square, squirrels
pursue me. Even in Camden,
next to Whitman's tomb,
they come with the fall
to eat from my hand. But it's at night
that they seek me most: black eyes,
gleaming heads,

Agora vou deitar-me à sombra do rio
até um deles entrar neste poema
e fazer a casa.

A ORELHA DE VINCENT

Nem as cigarras, nem os flancos
acesos das searas,
nem a pensativa cor dos lírios
ou mesmo a bárbara
luz do sul têm agora
morada no seu coração;
como falcão ferido
a orelha não pára de sangrar;
sangra de amor, do negro e tresloucado
e transbordante amor do mundo,
e desprevenido e magoado.

HIDRA

Se nunca foste a Hidra no outono
então não sabes
como é branco o branco e azul o azul.
Se nunca ali chegaste com o sol
correndo nas colinas entre as hastes
da flor encontrada por Ulisses
no próprio inferno—então não sabes
como a terra é o lugar certo
para morrer.

MULHERES DE PRETO

Há muito que são velhas, vestidas
de preto até à alma.

244

Now I shall lie down in the shade of the river
till one of them enters this poem
and makes his nest.

VINCENT'S EAR

Neither the cicadas, nor the hot
flanks of the wheatfields,
nor the thoughtful color of the lilies,
nor even the savage
light of the south has a home
any longer in your heart;
like a wounded hawk,
the ear never stops bleeding;
it bleeds love, black and lunatic,
an inundating love of the world,
unwary, unaware, abused.

HYDRA

If you've never been to Hydra in the autumn
then you cannot know
how white the white is and how blue the blue.
If you've never arrived there with the sun
flowing on the hills between the stalks
of the flowers that Odysseus
found in the underworld itself—then you cannot know
how right the earth is as our place
to die.

WOMEN IN BLACK

They've been old a long time, draped
in black to the very soul.

Contra o muro
defendem-se do sol de pedra;
ao lume
furtam-se ao frio do mundo.
Ainda têm nome? Ninguém
pergunta, ninguém responde.
A língua, pedra também.

À BOCA DO POÇO

Às vezes, até a morte pode ser
condescendente: à boca do poço
pára o cavalo, não chega a desmontar,
mas consente que te demores
a contemplar as águas negras,
o rebanho de chocalhos distantes,
as macieiras perto,
os seus frutos estranhamente acesos.

Against the wall
they shield themselves from a stone sun;
around the hearth
they hide from the cold of the world.
Do they still have names? No one
asks, no one answers.
Their tongues, of stones, as well.

AT THE MOUTH OF THE WELL

Sometimes even death can
acquiesce: at the mouth of the well
he stops his horse, doesn't quite dismount,
but allows you to linger,
contemplating the black waters,
the flock of distant clanging bells,
the nearby apple trees,
their fruit so curiously aglow.

OFÍCIO DE PACIÊNCIA

LABOR OF PATIENCE

(1994)

CANÇÃO

Vem da canção de Verlaine
a chuva
e ninguém,
nem mesmo o sol,
tem pés tão formosos.
Na boca
o verão, na colina
o navio.
O ar,
em cada rua o ar,
dança comigo.

NUM EXEMPLAR DAS GEÓRGICAS

Os livros. A sua cálida,
terna, serena pele. Amorosa
companhia. Dispostos sempre
a partilhar o sol
das suas águas. Tão dóceis,
tão calados, tão leais.
Tão luminosos na sua
branca e vegetal e cerrada
melancolia. Amados
como nenhuns outros companheiros
da alma. Tão musicais
no fluvial e transbordante
ardor de cada dia.

ADAGIO SOSTENUTO

A música outra vez, de vaga
em vaga, colina
em colina;

SONG

It comes from Verlaine's song,
the rain,
and no one, not even the sun,
has such lovely feet.
In my mouth
summer, on the hill
the ship.
The air,
in every street the air
is dancing.

ON A COPY OF *THE GEORGICS*

Books. Warmth,
their tender skin, serene. Loving
company. Willing always
to share the sun
of their waters. So docile,
silent, loyal.
So luminous in their
white and vegetal closed
melancholy. Loved
like no other companions
of the spirit. So musical
in the fluvial overflowing
ardor of every day.

ADAGIO SOSTENUTO

Music once again, wave
upon wave, hill
upon hill;

concertada voz de sete
estrelas, primeira respiração
do mundo, alta
e prometida harmonia;
dói, fere
fundo; também apazigua,
acaricia, ilumina
a terra, tornada
próxima; de colina em colina,
vaga em vaga—a música,
nua, bárbara.

O INOMINÁVEL

Nunca
dos nossos lábios aproximaste
o ouvido; nunca
ao nosso ouvido encostaste os lábios;
és o silêncio,
o duro espesso impenetrável
silêncio sem figura.
Escutamos, bebemos o silêncio
nas próprias mãos
e nada nos une
—nem sequer sabemos se tens nome.

OS TRABALHOS DA MÃO

Começo a dar-me conta: a mão
que escreve os versos
envelheceu. Deixou de amar as areias
das dunas, as tardes de chuva
miúda, o orvalho matinal
dos cardos. Prefere agora as sílabas
da sua aflição.

orchestrated voice of seven
stars, first breath
of the world, high
and promised harmony;
it hurts, cuts
deep; it also calms,
caresses, lights up
the earth, brought
close; hill upon hill,
wave upon wave—music,
naked and barbarous.

THE UNNAMEABLE

Never
have you brought your ear
close to our lips; never
have you pressed your lips to our ear;
you are silence,
hard thick impenetrable
silence without shape.
We hear, we drink that silence
from our own hands
and nothing unites us
—we don't even know if you have a name.

LABORS OF THE HAND

I begin to notice: the hand
that writes these lines
has aged. It no longer loves the sands
of the dunes, afternoons of drizzling
rain, morning dew
on thistles. It now prefers the syllables
of its own suffering.

Sempre trabalhou mais que sua irmã,
um pouco mimada, um pouco
preguiçosa, mais bonita.
A si coube sempre
a tarefa mais dura: semear, colher,
coser, esfregar. Mas também
acariciar, é certo. A exigência,
o rigor, acabaram por fatigá-la.
O fim não pode tardar: oxalá
tenha em conta a sua nobreza.

COM UM VERSO DA *CEIFEIRA*

Escrevo para fazer da luz
velha dos corvos
o limiar de outro verão.
Nenhuma sombra por mais nefasta
perturba o meu olhar:
tenho quinze anos, ao espaço
quadrado do pátio
regressa o canto das cigarras.
Com o sol à roda da cintura
o corpo deixa de ser hesitação,
corre ao encontro da água
ou de outro corpo, e canta,
canta sem razão.

FIM DE OUTONO EM MANHATTAN

Começo este poema em Manhattan
mas é das oliveiras de Virgílio
e de Póvoa de Atalaia que vou falar.
É à sombra das suas folhas
que os meus dias
cantam ainda ao sol.

It's always worked harder than its mate,
a bit spoiled, a bit
lazy, but lovelier.
The hardest tasks
always fell to it: to sow, to reap,
to stitch, to scour. But also
to caress, that's true. Exigence,
rigor, finally exhausted it.
The end cannot be long now: please god
its nobleness be counted.

WITH A LINE FROM FERNANDO PESSOA

I write to make the old
light of crows
a threshold to another summer.
No shadow, no matter how ominous,
disturbs my gaze:
I am fifteen, the song of
cicadas returns to the square
space of the yard.
With the sun around its waist,
the body gives up hesitation,
runs to meet water
or another body, and sings,
sings for no reason at all.

LATE FALL IN MANHATTAN

I'm starting this poem in Manhattan,
but it's of Vergil's olive trees
and those of Póvoa de Atalaia that I will speak.
It's in the shade of their leaves
that my days
still sing under the sun.

A sua canção vem do mar,
mas é com as cigarras e o trigo
maduro que aprendem a morrer.
O ar debaixo dos seus ramos dança,
alheio à luz suja de Manhattan.

A SÍLABA

Toda a manhã procurei uma sílaba.
É pouca coisa, é certo: uma vogal,
uma consoante, quase nada.
Mas faz-me falta. Só eu sei
a falta que me faz.
Por isso a procurava com obstinação.
Só ela me podia defender
do frio de janeiro, da estiagem
do verão. Uma sílaba.
Uma única sílaba.
A salvação.

HARMÓNIO

Como ladrão ou mulher
pública: vens de noite.
Trazes o harmónio,
a masculina
música roubada às fontes.
Não te esperava; só uma vez
te esperei tremendo de amor:
eu era tão pequeno
que não me viste.
Nem uma palavra ousas;
só os olhos suplicam que te roube
à morte, que devolva ao sol
a modesta desordem dos teus dias.

Their song comes from the sea,
but it's with cicadas and the ripening
wheat that they learn how to die.
The air beneath their branches dances,
a stranger to Manhattan's filthy light.

THE SYLLABLE

All morning I was searching for a syllable.
It's very little, that's for sure: a vowel,
a consonant, practically nothing.
But I feel its absence. Only I know
how much I miss it.
That's why I searched for it so stubbornly.
Only it could shield me from
January cold, the drought
of summer. A syllable.
A single syllable.
Salvation.

HARMONIUM

Like a thief or a woman
of the streets: you come at night.
You bring your harmonium,
the masculine
music stolen from fountainheads.
I was not expecting you: only once
did I await you, trembling with love:
I was so small
you did not see me.
You do not dare a single word;
only your eyes beg me to steal
you from death, to give back to the sun
the modest disorder of your days.

Que escute ao menos a pobre
e rouca e desamparada
música do teu pequeno harmónio.

AO CREPÚSCULO

Separada do corpo a luz
rasteja,
confunde-se com a chuva.
Arrefeceu, as gaivotas
juntam-se nos rochedos.
O gato enrola-se no sono.
Pego num livro, de repente
uma criança tomba dos versos.
Uma criança morta.

Or to listen, at least, to the poor,
hoarse, and lonesome
music of your small harmonium.

AT DUSK

Detached from the body, the light
crawls on,
hard to distinguish from the rain.
It has grown cold, the seagulls
huddle on the rocks.
The cat curls itself in sleep.
I pick up a book, and suddenly
a child drops from the lines.
A child, already dead.

O SAL DA LÍNGUA

SALT OF THE TONGUE

(1995)

O LUGAR DA CASA

Uma casa que fosse um areal
deserto; que nem casa fosse;
só um lugar
onde o lume foi aceso, e à sua roda
se sentou a alegria; e aqueceu
as mãos; e partiu porque tinha
um destino; coisa simples
e pouca, mas destino:
crescer como árvore, resistir
ao vento, ao rigor da invernia,
e certa manhã sentir os passos
de abril
ou, quem sabe?, a floração
dos ramos, que pareciam
secos, e de novo estremecem
com o repentino canto da cotovia.

OUÇO FALAR

Ouço falar da minha vocação
mendicante, e sorrio. Porque não sei
se tal vocação não é apenas
uma escolha entre riquezas, como Keats
diz ser a poesia.
Desci à rua pensando nisto,
atravessei o jardim, um cão
saltava à minha frente,
louco com as folhas do outono
que principiara, e doiravam
o chão. A música,
digamos assim,
a que toda a alma aspira,
quando a alma
aspira a ter do mundo o melhor dele,

THE PLACE OF THE HOUSE

A house that might have been an empty
stretch of sand; not even a house,
just a place
where the fire was lit and joy
was seated all around; and warmed
its hands; and left because it had
a destiny; something simple,
not much, but a destiny:
to grow like a tree, to withstand
the wind, the harshness of deep winter,
and then one morning to feel the footsteps
of April
or, who knows, the blossoming
of its branches, that had seemed
to be withered, and now are trembling once again
at the unexpected skylark's song.

I HEAR THEM TALKING

I hear them talking of my mendicant
vocation and I smile. For I don't know
if that vocation isn't just
a choice among riches, as Keats
says of poetry.
I went downstairs thinking of this,
crossed the garden, a dog
was leaping about before me,
mad with the first leaves of fall
that were turning the ground
to gold. The music,
let's call it that,
to which all souls aspire,
when souls
aspire to the best the world can offer,

corria à minha frente, subia
por certo aos ouvidos de deus
com a ajuda de um cão,
que nem sequer me pertencia.

COMO SE A PEDRA

Escuto como se a pedra
cantasse. Como
se cantasse nas mãos do homem.
Um rumor de sangue ou ave
sobe no ar, canta com a pedra.
A pedra nas suas mãos
obscuras. Aquecida
com o seu calor de homem,
o seu ardor
de homem. Escuto
como se fora a minúscula
luz mortal que das entranhas
lhe subisse à garganta.
A sua mortalidade
de homem. Canta com a pedra.

SE DESTE OUTONO

Se deste outono uma folha,
apenas uma, se desprendesse
da sua cabeleira ruiva,
sonolenta,
e sobre ela a mão
com o azul do ar escrevesse
um nome, somente um nome,
seria o mais aéreo
de quantos tem a terra,
a terra quente e tão avara
de alegria.

went with me, and rose,
I'm sure, to the ears of god
with the help of a dog,
who wasn't even mine.

AS IF THE STONE

I listen as if the stone
were singing. As if
it were singing in the hands of man.
A murmur of blood or of bird
rises in the air, sings with the stone.
The stone in obscure
hands. Warmed
by that warmth of a man,
that passion
of a man. I listen
as if it were the minuscule
mortal light rising from
his viscera to his throat.
That mortality
of man. It sings with the stone.

IF FROM THIS AUTUMN

If from this autumn a single leaf,
just one, would free itself
from that sleepy mass
of red hair,
and if a hand with the blue
of air might write upon it
a name, just a name,
it would be the airiest
of all the earth's names,
the earth, warm and so avid
for joy.

VERDADE POÉTICA

Há quantos anos estás aí, na eira
ou no telhado, esgadanhando
o pão difícil sol a sol,
aceitando as migalhas do nosso coração,
compartilhando entre a poeira
a cama da nossa obscura condição;
irmão do libidinoso e romano
pássaro de Catulo; sempre
à nossa roda, mais verdade poética
que criatura natural, como um poeta
americano disse do pardal.
Hoje é um português nada orgulhoso
de o ser que te abre as portas
do poema e te convida a entrar,
pois não fizeste do teu canto um luxo
nem traficaste com o bem comum,
por isso como os garotos da rua
descobres o gosto da vida
até num charco de água turva.

ACERCA DE GATOS

Em abril chegam os gatos: à frente
o mais antigo, eu tinha
dez anos ou nem isso,
um pequeno tigre que nunca se habituou
às areias do caixote, mas foi quem
primeiro me tomou o coração de assalto.
Veio depois, já em Coimbra, uma gata
que não parava em casa: fornicava
e paria no pinhal, não lhe tive
afeição que durasse, nem ela a merecia,
de tão puta. Só muitos anos
depois entrou em casa, para ser

POETIC TRUTH

How many years you've been right there,
    on the threshing floor
or on the roof, scratching out
a difficult bread from dawn to dusk,
accepting the crumbs from our heart, sharing in the dust
the bed of our obscure condition;
brother to Catullus' libidinous
and Roman bird; always
close to us, more poetic truth
than natural creature, as an American poet
has said of the sparrow.
Today it is a Portuguese not proud at all
of being one who opens to you
the doors of a poem and invites you to enter,
for you never made a luxury of your song
nor did you traffic with the common good,
therefore like the kids in the street
you discover the joy of life
even in a puddle of muddy water.

ABOUT CATS

In April the cats arrive: first
the oldest of them all, I was
ten at the time or less,
a little tiger that never got accustomed to
the sandbox, but was the first
to take my heart by storm.
Later there came, in Coimbra, a cat
that wouldn't stay inside the house: it mated
and dropped its kittens in the pines. I didn't have
a lasting feeling for her, she didn't deserve it,
slut that she was. Only many years later,
there entered the house, to be

senhor dela, o pequeno persa
azul. A beleza vira-nos a alma
do avesso e vai-se embora.
Por isso, quem me lambe a ferida
aberta que me deixou a sua morte
é agora uma gatita rafeira e negra
com três ou quatro borradelas de cal
na barriga. É ao sol dos seus olhos
que talvez aqueça as mãos, e partilhe
a leitura do *Público* ao domingo.

COM ULISSES

Com Ulisses à proa, quem não gostaria
de correr os mares? Da última vez
que estive na ilha ainda
a sua sombra me guiava.
Na colina do templo
não deparei senão com colunas
caídas, cardos, silvas à roda
ocultando algum ninho de cobras.
Enquanto pensava nesses homens
que se batiam como quem encontra
voluptuosa a própria morte, reparei
por acaso na haste branca
de um espinheiro, e como dela
escorria um fio de sangue negro
e na terra nua se perdia.

À SOMBRA DE HOMERO

É mortal este agosto—o seu ardor
sobe os degraus todos da noite,
não me deixa dormir.
Abro o livro sempre à mão na súplica

its master, the little blue
Persian. Beauty turns our soul inside out
and then it's gone.
Because of this, the one who licks the open
wound his death left me
is a little black alley cat
with three or four splotches of whitewash
on her belly. And it is in the sun of her eyes
that perhaps I warm my hands and share
my reading of Ó *Público* on Sunday.

WITH ODYSSEUS

With Odysseus at the prow, who wouldn't love
to sail the seas? The last time
I was on the island
his shadow still was guiding me.
On the temple hill
I found nothing but fallen
columns, thistles, brambles all around,
hiding, perhaps, a serpents' nest.
While thinking of those men
who fought as if voluptuously
encountering their own death, I came
by chance upon the white stalk
of a briar, and noticed how
a thread of black blood, trickling down from it,
disappeared into the naked earth.

IN THE SHADOW OF HOMER

It is fatal, this August—its heat
climbs all the stairs of night,
it doesn't let me sleep.
I open the book, always on hand, to the image

de Príamo—mas quando
o impetuoso Aquiles ordena ao velho
rei que não lhe atormente mais
o coração, paro de ler.
A manhã tardava. Como dormir
à sombra atormentada
de um velho no limiar da morte?,
ou com as lágrimas de Aquiles,
na alma, pelo amigo
a quem dera há pouco sepultura?
Como dormir às portas da velhice
com esse peso sobre o coração?

O SAL DA LÍNGUA

Escuta, escuta: tenho ainda
uma coisa a dizer.
Não é importante, eu sei, não vai
salvar o mundo, não mudará
a vida de ninguém—mas quem
é hoje capaz de salvar o mundo
ou apenas mudar o sentido
da vida de alguém?
Escuta-me, não te demoro.
É coisa pouca, como a chuvinha
que vem vindo devagar.
São três, quatro palavras, pouco
mais. Palavras que te quero confiar.
Para que não se extinga o seu lume,
o seu lume breve.
Palavras que muito amei,
que talvez ame ainda.
Elas são a casa, o sal da língua.

of Priam begging—but when
impetuous Achilles tells the aged
king he will torment
his heart no longer, I stop reading.
Morning comes slowly. How can one sleep
in the tortured shadow
of an old man on the threshold of death,
or with the tears of Achilles
in one's soul, tears for a friend
buried just a moment ago?
How can one sleep at the gates of old age
with that weight upon one's heart?

THE SALT OF MY TONGUE

Listen, listen: I still
have something to say.
It isn't important, I know, it won't
save the world, it won't change
anyone's life—but who
today could save the world
or even change one person's
sense of what life is?
Listen to me, I won't hold you long.
It's a little thing, like the light rain
that's starting slowly to fall.
Just three or four words, not much
more. Words I want to entrust to you.
So their flame won't go out,
their brief flame.
Words I deeply loved,
perhaps love still.
They are my home, the salt of my tongue.

PEQUENO FORMATO

SMALL FORMAT
(1997)

A PEQUENA VAGA

Mar de pequena vaga e céu azul:
a irrupção das frésias na manhã
faz destas ruas um jardim do sul.

MADRIGAL

Abro as *Folhas de Erva* e saltam
de lá dois esquilos.
Vêm de um jardim de Long
Island—o olho
de lume negro muito vivo.
Adoro estes cachorrinhos
cor de baunilha: com eles
quero entrar no Paraíso.

DANÇA

Eram a delicadeza, a graça.
Mas também a fúria
da gataria ardendo nos telhados.
São jovens e dançam—formosos
como as dunas, os trigos, os cavalos.

FRUTOS

Pêssegos, peras, laranjas,
morangos, cerejas, figos,
maçãs, melão, melancia,
ó música de meus sentidos,
pura delícia da língua;
deixai-me agora falar
do fruto que me fascina,
pelo sabor, pela cor,

SMALL WAVES

Sea of small waves and blue sky:
the irruption of freesias in the morning
makes of these streets a garden of the south.

MADRIGAL

I open *Leaves of Grass* and
leaping forth two squirrels come.
They're from a garden on Long
Island—an eye
of black flame, burning bright.
I love these little pups,
the color of vanilla: with them
I'd like to enter Paradise.

DANCE

They were delicacy and grace.
But the ferocity, as well,
of a burning knot of rooftop cats.
They are young and they are dancing—as beautiful
as dunes, wheat, mustangs.

FRUIT

Peaches, pears, oranges,
strawberries, cherries, figs,
apples, melon, honey dew,
oh, music of my senses,
pure pleasure of the tongue;
let me speak now
of fruit that fascinate,
with the flavor, with the hues,

pelo aroma das sílabas:
tangerina, tangerina.

CANÇÃO

Pedi às vagas
altas e sucessivas
que fossem como folha
de álamo;
que fossem sobre o coração
carícia ou só
memória de lábios.

JARDIM DE PASCOAES

O que da boca
das fontes sai às golfadas
é o silêncio
—e sem o rumor da água
como pode a estrela
florir,
a pedra arder e ser ave?

TEMPLO DA BARRA

O verde dos bambus mais altos é azul
ou então é o céu que pousa nos seus ramos.

ÚLTIMA VARIAÇÃO

Deixei de ouvir o mar,
depois os frágeis dedos do frio,
depois a luz rasteira do linho.

with the fragrance of their syllables:
oh tangerine, oh tangerine.

SONG

I begged the swelling sea
surging in successive crests
to be like
poplar leaves;
to be a gentle touch
upon my heart or
just a memory of lips.

PASCOAES' GARDEN

What comes spouting
from the mouths of fountains
is silence
—and without the sound of water
how can a star
blossom,
a stone burn and turn to bird?

TEMPLE AT THE RIVER'S MOUTH

The greenness of the tallest bamboo trees is blue,
or could it be the sky settling on the canopy?

LAST VARIATION

I ceased to hear the sea,
then the fragile fingers of cold,
then the creeping light of flax.

OS LUGARES DO LUME

PLACES OF FLAME

(1998)

À ENTRADA DA NOITE

Fogem agora, os olhos; fogem
da luz latindo.
Estão doentes, ou velhos, coitados,
defendem-se do que mais amam.
Tenho tanto que lhes agradecer:
as nuvens, as areias, as gaivotas,
a cor pueril dos pêssegos,
o peito espreitando entre o linho
da camisa, a friorenta
claridade de abril, o silêncio
branco sem costura, as pequenas
maçãs verdes de Cézanne, o mar.
Olhos onde a luz tinha morada,
agora inseguros, tropeçando
no próprio ar.

A PEQUENA PÁTRIA

A pequena pátria; a do pão;
a da água;
a da ternura, tanta vez
envergonhada;
a de nenhum orgulho nem humildade;
a que não cercava de muros
o jardim nem roubava
aos olhos o desajeitado voo
das cegonhas; a do cheiro quente
e acidulado da urina
dos cavalos; a dos amieiros
à sombra onde aprendi
que o sexo se compartilhava;
a pequena pátria da alma e do estrume
suculento morno mole;
a da flor múltipla e tão amada
do girassol.

AT THE ENTRANCE TO NIGHT

Now they flee, the eyes; they flee
the pulsing light.
They are sick, or old, poor things,
they defend themselves from what they most love.
I have so much to thank them for:
clouds, sand, seagulls,
the childlike color of the peaches,
the chest peeking out from the linen
of the shirt, the chilly
brightness of April, a white
and seamless silence, the little
green apples of Cezanne, the sea.
Eyes where light once dwelled,
now uncertain, stumbling
over the very air.

MY HOMELAND

My homeland; that of bread;
of water;
of tenderness, so often
ashamed;
of neither pride nor humility;
that which doesn't fence with walls
the garden nor rob
the eyes of the awkward flight
of storks; that of the warm
and sour smell from horses
as they piss; that of the alders
in whose shade I learned
that sex is shared;
homeland of soul and of manure,
succulent, warm, soft;
and of the multiple-petaled sunflower,
so beloved.

ARDENDO NA SOMBRA

Tu estavas ali,
perto da laranjeira.

(Porque havia
uma laranjeira ao lado
da casa.)

Estavas ali, as mãos
iluminadas.
A luz vinha dos frutos
ardendo na sombra.

A laranjeira
ainda lá se encontra.
E tu? Ainda aí estás?

Ao longe erguia-se a poeira
quando o rebanho
ao fim da tarde
passava — era verão.

Só no verão
a poeira se levanta assim
sem haver vento.

No tanque, um fio débil
de água
servia para nos sentarmos
à beira do seu rumor.

Eu era pequeno
e tu uma mulher triste.
Essa tristeza é ainda
a minha.

Mas só ela.
E a laranjeira.

BURNING IN THE SHADE

You were there,
close to the orange tree.

(For there was
an orange tree beside
the house.)

You were there, your hands
aglow.
The light came from the fruit
burning in the shade.

The orange tree
can still be found there.
And you? Are you still there?

In the distance dust would rise
as the flock of sheep
passed by late
in the afternoon — it was summer.

Only in summer
does the dust rise like that
without any wind.

In the cistern, a weak thread
of water
served to let us sit
beside its murmur.

I was little
and you a sad woman.
That sadness is still
mine.

That alone.
And the orange tree.

HÁ DIAS

Há dias em que julgamos
que todo o lixo do mundo nos cai
em cima. Depois
ao chegarmos à varanda avistamos
as crianças correndo no molhe
enquanto cantam.
Não lhes sei o nome. Uma
ou outra parece-se comigo.
Quero eu dizer: com o que fui
quando cheguei a ser
luminosa presença da graça,
ou da alegria.
Um sorriso abre-se então
num verão antigo.
E dura, dura ainda.

O SACRIFÍCIO

Não gostaria de falar desse primeiro
encontro com as dificuldades do corpo.
Ou não seriam do corpo? Fora
do corpo haverá alguma coisa?
Foi há tantos anos, que espanta
que dure ainda na memória.
A extrema juventude guarda melhor
o tempo. Idade da flor, assim
lhe chamam. Idade de ser homem,
dizem também. O que é então
ser homem? Ou ser mulher?, se poderá
perguntar. Aqui, era ser homem: idade
de ir às putas. Entrava-se na sala
envergonhado, depois de se bater
à porta. Elas lá estavam; num salto
uma apalpou-o: Que cheiro a cueiros,

THERE ARE DAYS

There are days when it seems to us
that all the filth of the world is falling
down on us. Later,
coming out on the balcony we catch sight of
children running along the jetty
singing.
I don't know their names. Now
and then, one of them looks like me.
What I mean is: like what I was
when I came to be
a light-filled presence of grace
or of joy.
A smile opens then
on a summer long ago.
And it endures, it still endures.

THE SACRIFICE

I'd rather not talk about that first
encounter with the difficulties of the body.
Or might it not have been the body? Beside
the body, could there be something else?
It was so long ago, what a wonder
that it still hangs on in memory.
Earliest youth clings best
to time. The age of flowering, that's
what they call it. The age of becoming a man,
they also call it that. What does it mean, then,
to be a man? Or to be a woman, if one may
ask? Here, it was being a man: the age
for going to whores. One entered the room
shamefaced, after knocking
at the door. They were all there; in a flash
one of them began to fondle him: Wet behind the ears, eh,

exclamou, olhando o cordeiro
do sacrifício. Ao fim, com dez escudos
pagavas o seres homem.
Não era caro, provares a ti mesmo
que pertencias ao rebanho.

CORAL

É um dos corais de Leipzig,
o quarto. Sem sabermos como, desceu
ao chão da alma. A música
é este abismo, esta queda
no escuro. Com o nosso corpo
tece a sua alegria,
faz a claridade
dos bosques com a nossa tristeza.
Pela sua mão conhecemos a sede,
o abandono, a morte. Mas também
o êxtase de estrela em estrela.
E a ressurreição.

OS PEQUENOS PRAZERES

O copo de água fresca
sobre a mesa,
a réstea de luz incendiando
ainda a mão,

as palavras que dão sentido à arte
dos dias a caminho do fim,
"a beleza
é o esplendor da verdade",

o sol
que dos flancos do muro sobe

she exclaimed, staring at the sacrificial
lamb. In the end, with ten escudos
you paid for being a man.
It didn't cost much, to prove to yourself
you belonged to the flock.

CHORALE

It is one of the Leipzig chorales,
the fourth. Without our knowing how, it plunged
to the bottom of the soul. Music
is that abyss, that dropping
into darkness. With our body
it weaves its joyousness,
it makes a clearing
in the forest with our sorrow.
By its hand we know thirst,
loneliness, death. But also
ecstasy from star to star.
And resurrection.

SMALL PLEASURES

The glass of fresh water
on the table,
a beam of light still turning
the hand to flame,

words that give meaning to the art
of days drawing to their close,
"beauty
is the splendor of truth,"

the sun
which from the flanks of the wall rises

ao olhar do gato,
o silêncio de ramo em ramo,

a chuva em surdina
na folhagem do jardim
—a chuva e a cumplicidade
de Gieseking e Debussy.

CANÇÃO DE LAGA

Era em Laga, setembro e as suas águas
ardiam nos nossos lábios. Passou
tanto tempo que para morrer
só me falta voltar àquelas areias.
Tu tinhas vinte anos, roías
as unhas, sujavas a camisa
com o molho das ameijoas, eu pouco
mais tinha, nenhum de nós sabia
como é monstruoso amar assim
com os dias contados pelos dedos.
Hoje o verão entrou de rompante
pela casa dentro, vinha do mar,
trazia a luz molhada do teu corpo,
o difícil amor que dói ainda.

DESPEDIDA DO OUTONO

Eu já ouvira o apelo do tordo
junto às águas velhas
do rio, ou na luz vidrada

das lentas oliveiras do Sul.
Pensava então que não podia morrer
quem tanto amou

to the gaze of the cat,
the silence from branch to branch,

the muted rain
on the leaves of the garden
—the rain and the complicity
of Gieseking and Debussy.

SONG OF LAGA

It was in Laga, September, and its waters
burned upon our lips. So much time
has passed that all I need is
to return to those sands and die.
You were twenty, you bit
your fingernails, you stained your shirt
with clam sauce, I was just
a bit older, neither of us knew
how monstrous it is to love like that
with the days numbered on one's fingers.
Today summer strode, impetuous,
into the house, coming from the sea,
bringing with it the wet light of your body,
that painful love, aching still.

AUTUMN FAREWELL

I had already heard the call of the thrush
beside the ancient waters
of the river or in the glassy light

of the slow olive trees of the South.
I thought then that one who loved
so much the clear sound of the vowels

o claro timbre das vogais
trazidas pelo mar—o outono,
esse morria nas chamas

altas dos castanheiros,
na sonâmbula ondulação
dos rebanhos, nos olhos das mulheres

de coração fatigado,
semelhantes a ramos partidos
—elas, que foram irmãs do orvalho.

AO OUVIDO

Fica um pouco mais, fala
da terra iluminada
abrindo à última chama

do verão; tu conheces
a sua sede, a sua respiração.
Um pouco mais, sê

como sopro da tarde, acaricia
com mão pequena embora
o que no fundo da noite

resta da manhã; fala da leve
embarcação do vento, levando
consigo a poeira, o sarro

do tempo entornado no chão.
A terra é boa; ao meu ouvido
volta a dizê-lo.

carried by the sea
could not die—autumn,
autumn would die in the high

flames of the chestnut tree,
in the sleepy swaying
of the flocks, in the eyes of women

with exhausted hearts,
like broken boughs
—they, who were sisters to the dew.

IN MY EAR

Stay a little longer, speak
of the illuminated earth
opening itself to the last flame

of summer; you know
its thirst, its breathing.
A little longer, be

like an evening breeze, caress
with your hand, small as it is,
what remains of the morning

in the depths of night; speak of the light
vessel of the wind, taking
with it the dust, the lees

of time spilled upon the ground.
The earth is good: in my ear,
say it once again.

ACKNOWLEDGMENTS

Many of the translations in this collection were previously published in the following books: *The Inhabited Heart: The Selected Poems of Eugénio de Andrade* (Perivale Press, 1985), *White on White* (QRL, 1987), *Memory of Another River* (New Rivers Press, 1988), *Slopes of a Gaze* (Apalachee Press, 1992), *Thirty Poems* (Fundação Eugénio de Andrade, 1993), *Solar Matter* (Q.E.D. Press, 1995), *The Shadow's Weight* (Gavea-Brown, 1996), *The Other Name for Earth* (Q.E.D. Press, 1997), *5 Poems* (Campo das Letras, 1997), *Close to Speech* (Red Dancefloor Press, 2000), *Dark Domain* (Guernica Editions, 2000). Some had their first publication in the following magazines and journals: *Aileron, American Poetry Review, Another Chicago Magazine, Apalachee Quarterly, Asylum, Atlanta Review, Atlantis, Barnabe Mountain Review, Beacons, Blue Buildings, Blue Unicorn, Central Park, Chelsea, Christopher Street, Confrontation, The Connecticut Poetry Review, Cream City Review, Cutbank, Delos, Epiphany, Filling Station, Graham House Review, Great River Review, Greenfield Review, The Hamden-Sydney Poetry Review, Hawaii Review, Home Planet News, Images, International Poetry Review, The Literary Review, The MacGuffin, Maryland Poetry Review, Mickle Street Review, Mid-American Review, Mississippi Review, Modern Poetry in Translation, Modern Poetry Studies, Montana Review, Mr. Cogito, Mundus Artium, Negative Capability, New Letters, New Orleans Review, the new renaissance, Nimrod, Northwest Review, The New Press Quarterly, The Ohio Journal, Onthebus, Osiris, Poetry East, Poetry Miscellany, Poetry NOW, Portland Review, Puerto Del Sol, Quarterly West, Red Brick Review, Salamander, Santa Clara Review, Small Chambers,*

Tampa Review, The Tennessee Quarterly, Translation, Verse, Voices International, Wordsmith, Wyoming, the Hub of the Wheel.

I would like to thank Eugénio de Andrade for over twenty years of warm friendship, genuine collaboration, and, most of all, for the gift of his poems and his voice. I also must express my enormous gratitude to Clara Pires, a translator's consultant from heaven. Without her, this book would not exist. I am also happy to acknowledge the support over the years of the Instituto do Livro e das Bibliotecas, the Portuguese Ministry of Culture, the Camões Institute, the Calouste Gulbenkian Foundation, and the State University of New York at Plattsburgh. Grants from the National Endowment for the Arts, the New York State Council on the Arts, and the Witter Bynner Poetry Foundation gave me valuable time to work on many of these translations. Awards from the Wheatland Foundation provided much encouragement. Last, but not least, I would like to thank New Directions, and in particular my editor, Peter Glassgold, for believing in the value of this project.

ALEXIS LEVITIN

New Directions Paperbooks—A Partial Listing

For a complete listing request a free catalog from
New Directions, 80 Eighth Avenue, New York 10011

†Bilingual

Toby Olson, *Human Nature.* NDP897.
   Seaview. NDP532.
George Oppen, *Collected Poems.* NDP418.
István Örkeny, *The Flower Show/*
   The Toth Family. NDP536.
Wilfred Owen, *Collected Poems.* NDP210.
José Emilio Pacheco, *Battles in the Desert.* NDP637.
   Selected Poems.† NDP638.
Michael Palmer, *The Lion Bridge.* NDP863.
Nicanor Parra, *Antipoems: New & Selected.*
   NDP603.
Boris Pasternak, *Safe Conduct.* NDP77.
Kenneth Patchen, *Collected Poems.* NDP284.
   The Memoirs of a Shy Pornographer. NDP879.
Ota Pavel, *How I Came to Know Fish.* NDP713.
Octavio Paz, *Configurations.* † NDP303.
   Selected Poems. NDP574.
   A Tale of Two Gardens. NDP841.
Victor Pelevin, *The Blue Lantern.* NDP891.
   Omon Ra. NDP851.
St. John Perse, *Selected Poems.* † NDP545.
J. A. Porter, *Eelgrass,* NDP438
Ezra Pound, *ABC of Reading.* NDP89.
   The Cantos. NDP824.
   Guide to Kulchur. NDP257.
   Selected Poems. NDP66.
   Translations. † (Enlarged Edition) NDP145.
Caradog Prichard, *One Moonlit Night.* NDP835.
Raymond Queneau, *The Blue Flowers.* NDP595.
   Exercises in Style. NDP513.
   The Flight of Icarus. NDP358.
Mary de Rachewiltz, *Ezra Pound.* NDP405.
Raja Rao, *Kanthapura.* NDP224.
Herbert Read, *The Green Child.* NDP208.
Kenneth Rexroth, *Classics Revisited.* NDP621.
   100 Poems from the Chinese. NDP192.
   100 Poems from the Japanese.† NDP147.
   Selected Poems. NDP581.
   Women Poets of China. NDP528.
   Women Poets of Japan. NDP527.
Rainer Maria Rilke, *Poems from The Book of Hours.* NDP408.
   Possibility of Being. (Poems). NDP436.
   Where Silence Reigns. (Prose). NDP464.
Arthur Rimbaud. *Illuminations.*† NDP56.
   Season in Hell & Drunken Boat.† NDP97.
Edouard Roditi, *Delights of Turkey.* NDP445.
Jerome Rothenberg, *New Selected Poems.* NDP625.
   Seedings . NDP828.
Ihara Saikaku, *The Life of an Amorous Woman.*
   NDP270.
St. John of the Cross, *Poems.*† NDP341.
William Saroyan, *The Daring Young Man on the*
   Flying Trapeze NDP852
   Fresno Stories. NDP793.
Jean-Paul Sartre, *Nausea.* NDP82.
   The Wall (Intimacy). NDP272.
Peter Dale Scott, *Minding the Darkness.* NDP906.
Delmore Schwartz, *Selected Poems.* NDP241.
   The Ego Is Always at the Wheel. NDP641
   In Dreams Begin Responsibilities. NDP454.
   Last & Lost Poems. NDP673.
W. G. Sebald, *The Emigrants.* NDP853.

The Rings of Saturn. NDP881.
Shattan, *Manimekhalai.* NDP674.
C. H. Sisson, *Selected Poems.* NDP826.
Stevie Smith, *Collected Poems.* NDP562.
   New Selected Poems. NDP659.
   Some Are More Human. . . . NDP680.
Gary Snyder, *The Back Country.* NDP249.
   Regarding Wave. NDP306
   Turtle Island. NDP381.
G. Sobin, *Breaths' Burials.* NDP781.
Muriel Spark, *The Bachelors.* NDP885.
   A Far Cry From Kensington. NDP909.
   Memento Mori. NDP895.
Enid Starkie, *Rimbaud.* NDP254.
Stendhal, *Three Italian Chronicles.* NDP704.
Antonio Tabucchi, *Little Misunderstanding.* . . .NDP681
   Pereira Declares.. NDP848.
Dylan Thomas, *A Child's Christmas in Wales.* NDP812.
   Collected Poems 1934–1952. NDP316.
   Collected Stories. NDP626.
   Under Milk Wood. NDP73.
Tian Wen: *A Chinese Book of Origins.* NDP624.
Uwe Timm, *The Invention of Curried Sausage.*
   NDP854.
   Midsummer Night. NDP882.
Charles Tomlinson, *Selected Poems.* NDP855.
Niccolo Tucci, *The Rain Came Last.* NDP688.
Tu Fu, *Selected Poems.* NDP675.
Lionel Trilling, *E. M. Forster.* NDP189.
Paul Valéry, *Selected Writings.*† NDP184.
Elio Vittorini, *Conversations in Sicily.* NDP907.
Rosmarie Waldrop, *Reluctant Gravities.* NDP889.
Robert Penn Warren, *At Heaven's Gate.* NDP588.
Vernon Watkins, *Selected Poems.* NDP221
Eliot Weinberger, *Karmic Traces.* NDP908.
Nathanael West, *Miss Lonelyhearts & Day of the Locust.*
   NDP125.
J. Wheelwright, *Collected Poems.* NDP544.
Tennessee Williams, *Cat on a Hot Tin Roof.* NDP398.
   Collected Stories. NDP784.
   The Glass Menagerie. NDP218.
   Hard Candy. NDP225.
   Not About Nightingales. NDP860.
   One Arm & Other Stories. NDP237
   Stairs to the Roof. NDP892.
   A Streetcar Named Desire. NDP501.
   Sweet Bird of Youth. NDP409.
   Twenty-Seven Wagons Full of Cotton. NDP217.
William Carlos Williams.
   The Doctor Stories. NDP585.
   Imaginations. NDP329.
   In The American Grain. NDP53.
   In the Money. NDP240.
   Paterson. NDP806.
   Pictures from Brueghel. NDP118.
   Selected Poems (new ed.). NDP602.
   White Mule. NDP226.
Yvor Winters, *E. A. Robinson.* NDP326.
Wisdom Books:
   St. Francis. NDP477.
   Taoists. NDP509.
   Wisdom of the Desert. NDP295.
   Zen Masters. NDP415.

For a complete listing request a free catalog from
New Directions, 80 Eighth Avenue, New York 10011   †Bilingual